五年级

统编语文课文发微

刘永平　朱月潭 — 著

山东教育出版社
·济南·

图书在版编目（CIP）数据

统编语文课文发微. 五年级 / 刘永平，朱月潭著 . — 济南：山东教育出版社，2022.12

ISBN 978-7-5701-2458-9

Ⅰ.①统… Ⅱ.①刘… ②朱… Ⅲ.①小学语文课－课堂教学－教学研究 Ⅳ.①G623.202

中国版本图书馆CIP数据核字（2022）第251272号

责任编辑：董　丁　周红心
责任校对：舒　心
书名题写：吴洪春
装帧设计：闫　姝

TONGBIAN YUWEN KEWEN FAWEI
WU NIANJI

统编语文课文发微
五年级
刘永平　朱月潭　著

主管单位：山东出版传媒股份有限公司
出版发行：山东教育出版社
　　　　　地址：济南市市中区二环南路2066号4区1号　　邮编：250003
　　　　　电话：（0531）82092660　　网址：www.sjs.com.cn
印　　刷：济南精致印务有限公司
版　　次：2022年12月第1版
印　　次：2022年12月第1次印刷
开　　本：880毫米×1250毫米　1/32
印　　张：9.625
字　　数：220千
定　　价：58.00元

（如印装质量有问题，请与印刷厂联系调换）印厂电话：0531-88783898

序 1

孙绍振

在我看来，本书源于语文教学而旨在深度解读课文、提升教学品质。作者或浸淫小学语文教坛几十年，或深耕中文书面表达职场，他们对语文文本有着独特的亲近与敏感。两人联袂对话五年级语文统编教材文本，恰如庖丁解牛，其广度、深度与准度不难想象，呈现创新性、复合性与建设性的显著特点。

创新性，课文发微提出新鲜观点。本书的首要特点，就是不落一般教辅图书面面俱到、泛泛而谈、材料拼凑的窠臼，在多个方面提出不少十分硬实的原创主张，从而呈现教研著作的厚重。比如：针对学界很多人质疑上册第4课《珍珠鸟》的格调问题，本书紧扣珍珠鸟人工饲养供观赏的特点，认为冯骥才作为普通人，养鸟怡情未尝不可，作为画家，养鸟写生理所当然，正像大人出于牵挂与呵护本能，不会放心孩童走太远、离太久一样，大鸟对小鸟"生气地叫一声"、发出"再三的呼唤声"，称不上"怨恨人类"，进而得出"《珍珠鸟》现有的叙事与抒情无所谓格调不高"的结论。针对下册第15课《自相矛盾》，本书提出了"我们说话、下结论要能够自洽，即自圆其说，保证逻辑上的一致性，不能相互抵牾，更不能彼此否定"的寓意。关于说明的方法与说明文分类，本书联系上册第16课《太阳》，认为要么把"作假设"作为一种独立的说明方法，要么依据其有无可能性来考量，将其分别归入"举例子"与"打比方"，不能简单将"作假设"归于"举例子"；联系第17课《松鼠》，本书一反人们将其置于"常识性说明文"与"文艺性说明文"两分法之中并将其视为"文艺性说明文"的观点，提出更为工稳的"一般说明文"与"文学性说明文"或"本色说明文"与"丽质说明文"的两分法，认为《松鼠》是文学性说明文（丽质说明文），"是富含文采、风格轻松活泼的说明文，具有应用文与文学作品的双重性"。关于文本抒写的对象，针对上册第21课《古诗词三首》中的《长相思》，本书认为它主要"抒写他人"，作者纳兰性德"是为身边来自中原等广大区域的将士而作，体现了对他们的体恤与尊重"，因为"他是高官，几乎与康熙帝一样，偶尔出塞也是前呼后拥，备受照护，应体会不到凄苦。更何况，对于八旗贵族们来说，山海关外恰恰是他们的故园"。关于字句的训读，针对下册第8课《红楼春趣》"丫头们听见放风筝，巴不得一声儿，七手八脚，都忙着拿出来……"句，对其中颇为费解的"巴不得一声儿"作出令人信服的解读——"'巴不得一声儿'，就是'巴不得'，应该是口语'巴不得'的方言讹音拼写。在西南官话里，'巴不得'的发音，先是在'得'上近似发音/die/（阳平），'得'后就多了'一'，后又在'巴不得'的尾部加语助词'桑/sʌn/'，而多出了'声（儿）'……这样，西南官话口语'巴不得'就成了硬翻京腔'巴不得一声儿'。"本书甚至在最后还提出这样的疑问："《红楼梦》里的这种南腔北调说明什么呢？说明作者谨防文字狱'误了卿卿性命'而人为'满纸荒唐言'藏拙，刻意隐藏自己？"事实上，全书对文本字句等的全新解读还有很多。值得称道的是，这些尝试基于缜密分析，极富见地，而非出于标新立异，自说自话。

复合性，课文发微展示互文魅力。两位作者珠联璧合，充分发挥追根溯源与轻松驾驭目标语言的特长，对话文本实现由外文到中文、从古汉语到现代汉语的顺畅转换，著作尽展互文魅力。一则，他们根据对翻译作品特点与规律的认识，借助外语敏感，穿越文化差异，检视外国文学作品。对于上册第22课《四季之美》，他们深入研究其作者清少纳言及其母本《枕草子》的风格特点，认为其"旨趣在女官的聊赖之美"，"大众的美是劳动美、生活美，是大美；'贵族'的美是消遣美、幻想美，是小美。清少纳言的美是小美"，进而梳理出"清少纳言与大众'四时之美'的异趣"列表，给读者一个欣赏日本女官文学"四季之美"的独特视角。关于下册第18课《威尼斯的小艇》，他们从作者的自传入手，提出"移情共情"、马克·吐温所乘绝非威尼斯小艇贡多拉的观点，让读者切实感受文学作品背后的历史文化含义。对于第19课《牧场之国》，他们依据对荷兰国情、恰佩克作品的了解，提出作者"聚焦'牧场之国'，反复吟咏'这就是真正的荷兰'，是抒发、升华对牧场所体现的静谧、自由、自治、和平、安详等特质的炽热情感与价值认同，并非要否定'水之国，花之国'的侧面"，从而引导读者免于陷入对荷兰的片面认识。二则，将中英文翻译的本领技巧运用于古文作品解读尤其是古诗词的今译之中，进行以诗译诗，即以现代诗翻译古诗，更好地表达诗的意蕴、反衬古诗的凝练，在启迪读者认识现代诗、引导学生试作现代诗上可望收获奇异效果。本书对课本全部12首古诗词悉数以今诗译出，其中不乏精美之作。比如：上册第21课中《枫桥夜泊》的今译——"月西坠，乌凄鸣/霜气袭人，弥漫满夜天/江上枫桥，渔船灯火/清冷无声相拥眠/望姑苏，处郊野/山冷寺寒，心愁空寂寥/悠远钟声，午夜客绪/羁旅舟中不能寐"，其中将"寒山寺"译为"山冷寺寒"，可谓绝妙；下册第1课中《四时田园杂兴》（其三十一）的今译——"村庄里的大人们/勤劳兴家——/白日地里除草/夜晚闭门搓绳用麻/孩童们/哪甘落下——/不能耕田织布/也到桑田争相种瓜"，其中将"学"译为"争相"，当是深得诗中"学"之精髓，妙不可言，让孩童模仿大人、跃跃欲试的顽皮跃然纸上。"也到桑田争相种瓜"，反映了对"也傍桑阴学种瓜"的理解独具慧眼与观点创新。他们认为："'傍桑阴'，直译是'靠近桑树阴凉'，实际意指'到桑树底下''到桑田里'"，"桑树底下（桑树田里）种瓜，是农业套作的基本做法，上部植桑以养蚕，地面套作种香瓜、梢瓜之类。'也'表并列关系，与'村庄儿女'并列，具体表示村庄儿女'傍桑阴种瓜'，童孙是'也傍桑阴学种瓜'"。

　　建设性，课文发微贡献别样方案。统编教材所选课文，多是名家名篇，每一篇也都经过了编者反复的精心打磨，因而无疑是成熟稳定的。但成熟并不代表完美无缺，稳定也不意味固定不变。事实上，自2019年统编本全面使用以来，至今一直处于不断完善之中，每印刷一次，文本都有细微调整。本书就词语、段落的表述等，提出一些自己的想法，其中虽有见仁见智的成分，却不乏建设性，值得重视。1980年，《课程·教材·教法》创刊，叶圣陶先生专文一篇，认为"语文课本几乎全是范例"。我想，两位作者著此书，目的之一无非是促进"几乎"更加接近"完全"吧。仅就较为硬核的举几例。第11课《牛郎织女（二）》，针对课文所言"牛郎跟着男孩赶回家"，本书认为："牛郎听到儿子报信，深爱的妻子被老太婆掳走，他心急如焚，还容得下自己'跟着'儿子慢吞吞回家吗？跟在儿子后面回家，还能称得上'赶'吗？显然有违常理常情。"第17课《跳水》，针对课文所言"孩子心惊胆战，站在横木上摇摇晃晃的，没听明白他爸爸的话"，本书认为"他"就是死译的痕迹，且易引起歧义，应当删除。特别能体现本书作者功力的是，针对上册第20课《"精彩极了"和"糟糕透了"》的第15自然段——"几年后，当我再拿起那首诗，不得不承认父亲是对的，那的确是一首相当糟糕的诗。不过母亲还是一如既往地鼓励我，因此我还一直在写作。有一次，我鼓起勇气给父亲看了一篇我新写的短篇小说。'写得不怎么样，但也不是毫无希望。'根据父亲的批语，我学着进行修改，那时我还未满十二岁"，他们发现了条理的混乱与语义的含混——"'不过母亲还是一如既往地鼓励我，因此我还一直在写作'，是发生在'几年间'还是'几年后'呢"，进而点石成金，提出修改建议："不过母亲还是一如既往地鼓励我，因此我还一直在写作。几年后，当我再拿起那首诗，不得不承认父亲是对的，那的确是一首相当糟糕的诗……"

　　客观来说，本书应用性强而学术性不彰，对课文建设的理论思考与系统建构明显不足。但这或许足以契合"发微"关注细微、言简意赅的特征。发微所迸发的智慧火花，体现出作者对文本的灵动驾驭，仰望与俯瞰并重。这等境界所倚重的，是作者丰厚的学养与强烈的自主意识，而自主意识对于所有教师而言，更是弥足珍贵的。

　　是为序。

2022年10月2日

　　（孙绍振，福建师范大学文学院教授、博士生导师，曾任中国文艺理论学会副会长，福建省作家协会副主席、写作学会会长。他的《文学创作论》《文学文本解读学》等著作，在学界有相当大影响）

序 2

黄厚江

教材研究，是语文教学研究的一个很重要的领域；文本解读，是教材研究的一个重点课题。

我们一直认为，对教学文本通透地解读，是高品质阅读教学的基础。经常有年轻教师问我，如何才能设计出适当的情境和合适的学习任务，如何才能设计出好的教学活动。我都会告诉他们，好的教学活动，好的情境设计，好的任务设置，都来自教师对文本通透的解读。通透的文本解读，首先是要通读，一字一句读，反反复复读；其次是要读通，读到自己透彻明白，没有障碍；三是要通透，读出一点心得来，读出一点发现来。

然而，现在很多年轻教师备课时常常不大愿意在文本的研读上下功夫，他们总是热衷于搜索各种资料和教案，寻找各种教学设计和名师的课堂实录，然后花大力气制作课件。从各种资料中寻找能为自己所用的"点子"，拼凑出一个自以为很精彩的教案，再把各个版本的课件拼凑成一个自己很得意的课件，备课便大功告成。我们以为，用这样的方法去追求高品质的语文课堂，只能是南辕北辙。其结果不仅耽误了自己，更耽误了学生。

刘永平、朱月潭两位老师，长期潜心于小学语文教材的文本解读，难能可贵。两位老师凭借扎实的专业功底、良好的学术修养以及多年的教学积累和治学经验，于文本的细微处发现值得推究的问题，或辨析教材解读的不同观点，或表达自己对文本的独到理解，或考证教材文本的写作背景，或梳理教材解读的相关资料，或是对文本的赏析，或是对文本的指正，他们的观点当然未必都是定论，但自成一家之说，常常能开人耳目，对于我们的教材研读和教学中的教材处理不无有益的启发。尤其是对于教学经验还不够丰富、文本解读能力还有待提高的年轻教师，一定会有很大的帮助。我们以为，不仅他们的研究成果具有显著的资料价值，他们从细微处入手，从疑问处探究的文本解读方法也非常值得提倡。

最近，两位老师准备将他们的成果汇集出版，通过友人嘱我写几句话。我虽然和两位老师素无交往，但他们多年来用心于语文教学研究最为基础的工作，且能取得这样可喜的成果，很是令我感动，其严谨的治学作风也很值得学习，于是写下以上的话且为序。

2022年9月21日

（黄厚江，江苏省苏州中学副校长，苏州中学附属苏州湾学校校长，首批国家级教学名师，享受国务院特殊津贴专家，正高二级教师，"本色语文·共生教学"首倡者）

目录

上 册

下 册

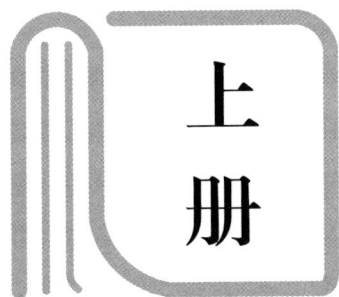

上册

第一单元

1　白　鹭

　　《白鹭》，散文。作者郭沫若（1892—1978），四川乐山人，本名郭开贞，字鼎堂，号尚武，中国现代著名作家、历史学家、考古学家。他早年留学日本，并组织爱国社团夏社。1921—1924年，组织"创造社"，出版诗集《女神》，创作《王昭君》等历史剧。1927年，参加八一南昌起义，加入中国共产党。翌年，举家定居日本近10年。1937年回国后，积极投身抗日战争。1941—1944年，作品《棠棣之花》《屈原》等历史剧先后面世，并著史学名篇《甲申三百年祭》。新中国成立后，历任政务院副总理、文化教育委员会主任、中国文联主席等职，并有历史剧《蔡文姬》和学术论著《李白与杜甫》等问世。针对文学创作，郭沫若曾说："不怕就是一匹苍蝇或一匹蚊子，你只要注目观察，就可以看出不少的种型，无限的生态。"[①]因此，他创作了很多状写动物以表心明志的散文。

---

　　① 郭沫若全集·文学编（第19卷）［M］．北京：人民文学出版社，1992（144）．

《白鹭》作为其中力作，成稿于 1942 年10月底，首发于《文艺生活》，后编入小说散文集《波》。在文中，郭沫若抒发一种直面艰困、矢志救亡的坚定意志，"它孤独地站立于小树的绝顶，看来像是不安稳，而它却很悠然"；构筑一个清新淡定、景色明亮的精神家园，"黄昏的空中偶见白鹭的低飞，更是乡居生活中的一种恩惠"。本世纪初，《白鹭》进入义务教育语文教科书。

（1）白鹭是诗

《白鹭》的画面感很强，给人的直觉是画而非诗，那么，作者为何在首段"白鹭是一首精巧的诗"与末段"白鹭实在是一首诗，一首韵在骨子里的散文诗"中均强调白鹭是诗呢？这既抽象，又不抽象。从抽象的角度来说，《白鹭》课文画意浓郁，洋溢诗情；从具象的角度来说，"白鹭是一首精巧的诗"中的"白鹭"，是古往今来让无数文人雅士望之生情的动物，白鹭在环境的映衬之下，变成清雅灵动的画，而它本身确是"一首精巧的诗"。郭沫若笔下的白鹭，具有和谐美，身段匀称，色彩协调，无论是与白鹤比，还是与朱鹭、苍鹭比，都是那么大小适宜；"雪白的蓑毛""铁色的长喙""青色的脚"，色泽典丽。总之，对白鹭增减一分、素黛一忽皆不宜。它具有音律美，站立像休止符，低飞如跳动的音符。它"移步"就是"换景"：从"水田姜钓"到"树顶远眺"，再到

"低空掠飞"。①这景就是境，韵味十足的意境。白鹭，驻足水田，胸有成竹，怡然自得；站立树顶，若有所思，钟情远方；低飞曼舞，画出一道道白色弧线，舞动生命。三个景象，动静有致。"水田姜钓"动静相得，"树顶远眺"在静，"低空掠飞"在动。动静之间皆有韵，谁见这景不生情，不诗意难抑？白鹭自身美丽优雅，加上非凡的造景能力，就是"韵在骨子里的散文诗"！

　　白鹭是"一首韵在骨子里的散文诗"，确实如此，课文《白鹭》是其完美的体现。《白鹭》作为文质兼美的散文，为歌颂白鹭的洁白无瑕、美丽动人，展示意境美、意蕴美，抒发对白鹭的赞美之情，而运用了优美的语言、诗化的行文。文章用韵明显："诗""宜"，"美""黑"，"匣""吗"。行文富有诗的意蕴：第3、8自然段的末句分别是"而且太不寻常了""而且具有生命了"；第5自然段，先是"那雪白的蓑毛……"等四个"那"句，接着是"增之……减之……""素之……黛之……"等句，语言既有形式上的排列整齐，更有诵

---

　　① 给课文第6—8自然段所描绘的画面"起名"，是课后习题二要完成的。这是很有意义的语文训练，需要郑重其事。我们起的三个名称，在同样的空间意义上展开，即"水田""树顶""低空"，而课文中三幅优美的图画却似乎是在不同的意义上，即"水田"与"晴天的清晨""黄昏的空中"，时空交错，可否看作美中不足呢？"水田姜钓"，取典富含中国历史文化的熟语"姜太公钓鱼，愿者上钩"，这是将白鹭拟人化进行到底。白鹭捕食小鱼，就是那样悠然地站在水田里，无须精心准备饵料，只要对不时游弋身边的小鱼随便啄一口就行，不就是"姜太公钓鱼，愿者上钩"吗？如果说"水田姜钓"过于生冷，则可以改为"水田漫钓"。

读起来显著增强的气势与节奏感，铿锵而抑扬。

（2）疏解词语

▲色素的配合，身段的大小，一切都很适宜。

文中"色素"的语义为颜色、色彩，这是二十世纪四十年代前后的含义。在当代，"色素"则为"使机体具有各种不同颜色的物质"（《现代汉语词典》第7版①，P1129）。

▲那铁色的长喙，那青色的脚……

文中"铁色""青色"，均为像铁一样的颜色。当代，常是"铁""青"连用，如"他铁青着脸"，表示黑下脸——因为发怒，脸部充血，发紫发黑，即为"铁青"。青色，特别需要讲解清楚。按照光谱的颜色顺序，青介于绿和蓝之间，近乎湖水的颜色。当一种颜色无法界定是蓝色还是绿色时，即可称之为青色。青色，在中国古代社会中具有极其重要的意义，象征着坚强、希望、古朴和庄重，传统的器物和服饰常常采用青色。"青"还指黑色，在古汉语中常见，如"青青子衿"，指的是黑色的古代学士服。再如，"青鬓""青丝"均指乌黑的头发，如唐人诗云"金乌长飞玉兔走，青鬓常青古无有"②，"君不见高堂明镜悲

① 本书以下简称"《现汉》"。
② 〔唐〕韩琮. 春愁 [A]. 〔清〕彭定求 编. 全唐诗（第十七册）[C]. 北京：中华书局，1979（6548）.

白发，朝如青丝暮成雪"①。

关于白鹭的描写，需要引导学生拓展相应知识，包括其生物特征与生活习性。譬如，白鹭有大白鹭、中白鹭、小白鹭和黄嘴白鹭之分，四种的羽毛皆是全白，嘴及腿黑色，趾黄色。课文中为何描写"青色的脚"呢？那恐怕是作者看到了繁殖期的大白鹭，嘴巴黑色，脚和趾黑色。

▲田的大小好像是有心人为白鹭设计的镜匣。

"镜匣"，本义"盛梳妆用品的匣子，其中装有可以支起来的镜子"（《现汉》，P696），"匣"本义"匣子"——有盖、装东西的方形小器具（同上，P1410），即我们俗称的"盒子"。文中的"镜匣"显然非其本义，当引申为"镜框"——框子中镶上玻璃而制成的东西，用来装相片或字画等，正如课文所言"整个的田便成了一幅嵌在玻璃框里的画"。

▲那是清澄的形象化，而且具有生命了。

这句话的理解有难度，难就难在对"清澄"义的准确把握。"清澄"之本义，乃是水清明澄澈，引申为心灵的纯洁无瑕、纯真无邪，如"这种鲜绿全借着水的清澄显露出来，好像美人借着镜子鉴赏自己的美"②，"保神明之清澄兮，精气入而

---

① 〔唐〕李白. 将进酒［A］. 周啸天 等. 唐诗鉴赏辞典（1）［C］. 上海：上海辞书出版社，2017（254）.

② 老舍. 济南的秋天［M］. 太原：山西教育出版社，2017（4）.

粗秽除"①。课文中"清澄"所形容的不是水，而是"黄昏的空中偶见白鹭的低飞"这一乡居画面，故其"清澄"之义就不是水之"清明澄澈"，而是清明通透的乡野原生态景象，即所谓"清澄的形象化"。也就是说，"清澄"本指（纯净的）水，又指（本）心，还指（原生态）大自然。

▲不，歌未免太铿锵了。

"铿锵"，富有节奏而响亮。对"歌未免太铿锵了"句的理解，不是说是歌都铿锵，因为歌有豪迈、雄壮与舒缓、温婉之分，有的歌铿锵有力，有的歌是靡靡之音，而是说相对于"不会唱歌"的白鹭而言，说"白鹭是歌"言过其实，"太铿锵了"。白鹭是安静而优雅的，水田捕鱼专心致志，树顶站立随风而动，田野低飞静谧无声……安静悠然，全无聒噪。所以，作者认为，白鹭是田野上的风景画，是"韵在骨子里的散文诗"。

（3）妙用逗号

在课文第8自然段首句"黄昏的空中偶见白鹭的低飞……"中，最好加用一个逗号。逗号的作用之一，是用在状语之后。这是对句首状语的强调。"黄昏的空中"，是时间、空间状语。而且，联系例句的前文，加用这个逗号，也是修辞的要求。课文第

---

① 林家骊 译注. 楚辞（远游）［M］. 北京：中华书局，2015（171）.

7自然段的首句，是"晴天的早晨，每每看见它孤独地站立于小树的绝顶……"。增加一个逗号，第8自然段的首句变为"黄昏的空中，偶见白鹭的低飞……"，则不仅能够显著照应第7自然段的首句，而且能够使文本的形式更像诗，感觉也更有韵味，从而更好体现文本特点——"语言优美、行文诗化"。[①]

---

① 周益民. 关于《白鹭》一课的教学和研究［J］. 小学青年教师，2003（05）：21.

2 落花生

　　《落花生》，散文。作者许地山（1894—1941），籍贯广东揭阳，出生于台湾台南的一个爱国志士家庭，字地山，笔名落华生（亦即落花生），我国现代著名作家、宗教学者。1895年《马关条约》签订后，日本占领中国台湾，许地山随家人举家迁回祖国大陆，后在福建漳州定居。1919年，他与郑振铎、瞿秋白等人编辑出版《新社会》旬刊，宣传民主与科学。1921年初，他与沈雁冰、叶圣陶等人在北京发起成立文学研究会，创办《小说月报》。1938年春，许地山与郭沫若、茅盾、巴金等人一道，当选中华全国文艺界抗敌协会理事。1941年"皖南事变"发生后，他在香港等地为抗日救国事业奔走呼号。是年8月，因过劳而病逝。许地山的文学作品多以国内闽、台、粤等地和国外东南亚、印度为背景。他始终站在弱者的角度审视社会生活现实，推己及人，同情弱者，并希图冲破黑暗，到达光明的彼岸。他虽然对佛道经典熟稔于心，却毫无遁世之意。他是二十世纪二十年代问题小说的代表人物之一，作品呈现奇彩异趣。许地山还是老舍的朋友与引路人。他的主要著作有《危巢坠简》《落花生》，译著有《二十夜问》《太阳底下降》《孟加拉民间故事》等。二十世纪八十年代初，《落花生》进入初等教育语文教科书。

（1）落华生

许地山1921年开始使用笔名"落华生"，因古时"华""花"相通，所以也叫"落花生"。这足以证明，花生在他心目中的分量之重。《落华生》是他借以明志的力作。纵观许地山一生，我们完全可以说，《落花生》就是他人生观、价值观的折射。1921年4月，许地山在《小说月报》（12卷4号）发表《商人妇》时，首次使用笔名"落华生"①，此时，"落花生"故事已经过去多年。翌年，他在同一刊物（13卷8号）发表《落花生》。显然，先有故事"落花生"，后有笔名"落华生"，终有散文《落花生》。"落华生"笔名的取用，佐证课文中"父亲的话却深深地印在我的心上"绝非虚言；一年零四个月后《落花生》的面世，是对"落华生"笔名的绝佳注脚。至于花生何以称为"落花生"，那是因为花生的花受精之后，子房会下落生长，入土发育成果实，正如一句农谚："落花生，落花生，落花果就生。"

《落花生》虽发表在《小说月报》，但作为《空山灵雨》

---

① 周俟松．许地山年表（上）[J]．台港与海外华文文学评论和研究，1992（12）：56．

系列散文之一，文体上属于散文无疑。然而，它并无人们想象中散文洋溢的抒情性与盎然的文采。它的价值在于：文如其人的标志性与静水流深的厚重感，历经百年而不衰；故事性强、小说色彩浓重的散文个性突出。

（2）文俭意丰

《落花生》具有文字俭约、风格俭朴的特征，在简短的叙事之中揭示宏旨，在质朴的风格之中触动心灵。我们无须担心全面阐释人文性会冲淡课文的工具性，因为解析人文性是解读文本的题中之义。我们需要做的，是厘清作者借助语文工具表达人文思想的技巧与路径。"内容人人见得，含义惟有心人了然。"①《落花生》没有冷僻的字词，玄奥的语句，原文有点咀嚼的"夜阑""瑟缩"已被改了，内容易懂，但含义呢？普通而平淡的语言，经过作者精心而质朴无华的构筑，近乎口语的叙事，竟包含深刻的意义。巍然屹立两面旗帜：民主平等的家庭氛围，母亲和孩子们商量着"……就开辟出来种花生吧"，商量着"过一个收获节"；循循善诱的科学教育，父亲引导孩子们讨论花生的益处，从而得出花生的良好品质，"有一样最

---

① 此句多为"内容人人看得见，含义只有有心人得之。"，学界普遍认为是伟大的德国文豪歌德所言，却又缺乏确切的出处。其实，它与其说是歌德所言，毋宁看作中国某位始作俑者的变造。歌德的原话见诸他1833年的遗作《箴言与反思》。其前两句应当中译为："质料人人可见，内涵惟业内之人了然。"参见：Goethe. Maximen und Reflexionen, Stuttgart: Alfred Kröner Verlag, 1949，P90.

可贵"。诚可谓五四运动大旗高高飘扬！前后呼应两场收获：前面是母亲主导下的种植花生，"我们"收获了物质上的果实；后面是父亲主导下的谈论花生，"我们"收获了精神上的果实。实践习得两个观念：劳动创造美的价值观念，既有"我们姐弟几个都很高兴，买种，翻地，播种，浇水"，跃跃欲试的力行美，又有"花生做的食品都吃完了"的味道美；"人要做有用的人"的价值观念，边谈边吃，边吃边谈，畅所欲言，得出深入人心的结论。

3 桂花雨

　　《桂花雨》，散文，原题《故乡的桂花雨》。作者琦君（1917—2006），原名潘希真，浙江永嘉县（今温州市瓯海区）人，中国台湾当代女作家。中学毕业后，她以优异成绩直升之江大学，师承"一代词宗"夏承焘，奠定扎实的诗词功底。1949年去台后，先在台湾地区司法部门任职，后任台湾中国文化学院等校教授，笔耕不辍。琦君以写散文开始创作生涯，并取得大家成就。《琴心》是她出版的第一部散文小说合集，后来有《烟愁》《三更有梦书当枕》《千里怀人月在峰》《留予他年说梦痕》《青灯有味似儿时》《橘子红了》等二十多部作品面世。《桂花雨》作于 1976 年。2013年，台湾地区对数十年图书出版的调查表明，琦君是岛内作品最畅销的女作家，被誉为"台湾文坛上闪亮的恒星"。她的作品还被译成英、日、韩等多种语言，广受欢迎。她的散文，有对故乡山水和童年生活诗一般的回忆。她说："我们从大陆移植来此……生活上尽管早已能适应，而心灵上又何尝能一日忘怀于故土的一事一物？"纵观琦君一生，尽管天涯萍踪、行迹广远，但花雨瓯越挥之不去。她"以自然淡雅抒写深切的乡愁"，形成独特风格。[1]除了本篇《桂花雨》，她的《春酒》则出现在统编语文教材八年级下册之中。本世纪初，《桂花雨》进入义务教育语文教科书。

（1）乡花馨美

《桂花雨》是一首家乡花美的抒情诗。"小时候，我无论对什么花，都不懂得欣赏……这是梅花，那是木兰花……"这是欲扬先抑，叙说的是一个繁花似锦的故乡，不管你是否懂得欣赏，"我"家乡的花就在那儿。"我喜欢的是桂花……不像梅树那样有姿态……可是桂花的香气，太迷人了。"是的，馥郁的桂花香气是沁人心脾的，也是弥漫在空气之中的，"桂子月中落，天香云外飘"[2]。家乡的桂花，不仅有，而且多；不仅在家前屋后，而且在山里景观；不仅在品赏，而且融入日常生活。"桂花盛开的时候，不说香飘十里，至少前后左右十几家邻居，没有不浸在桂花香里的。""杭州有一处小山，全是桂花树，花开时那才是香飘十里。""桂花……可以加在茶叶里泡茶，过年时还可以做糕饼。全年，整个村子都浸在桂花的香

---

① 俞歆航.从《故乡的桂花雨》解读琦君的乡愁抒写［J］.名作欣赏，2021（05）：175.

②〔唐〕宋之问.灵隐寺〔A〕.傅经顺 等.唐诗鉴赏辞典（1）〔C〕.上海：上海辞书出版社，2017（40）.

气里。"

在"我"的心目中，家乡花美，在闻赏桂花、"吃喝"桂花，更在摇花，摇动孩提时代的快乐——沐浴桂花雨。"摇花对我来说是件大事……我可乐了，帮大人抱着桂花树，使劲地摇。摇哇摇，桂花纷纷落下来，我们满头满身都是桂花。我喊着：'啊！真像下雨，好香的雨啊！'"课文末段，直接点明了桂花雨的立意及其与"摇花乐"、家乡美的线性联系，"我又想起了在故乡童年时代的'摇花乐'，还有那摇落的阵阵桂花雨"。

（2）乡风醇美

《桂花雨》是一幅民风醇美的风景画，展示了醇美、和美的民俗文化与邻里关系。"可别来台风啊！""只要不来台风，我就可以收几大箩。送一箩给胡家老爷爷，送一箩给毛家老婆婆，他们两家糕饼做得多。""桂花摇落以后，挑去小枝小叶，晒上几天太阳，收在铁盒子里，可以加在茶叶里泡茶，过年时还可以做糕饼。"显而易见，桂花已经与家乡民俗紧紧连在一起，融入人们的生活。一方山水养一方人，花雨故乡，醇美乡风。

（3）乡思蕴美

乡思具有深沉的蕴藉美。课文倒数第2段，作者举家迁居杭州，母亲针对作者从当地捡拾来送她的"一大袋桂花"，说道："这里的桂花再香，也比不上家乡院子里的桂花。"如何理解这句话？我们认为，其核心在心灵（精神）意义与思乡情怀。它反映乡思深沉，具体包括三层含义：一是，家乡的桂花之中有生活的充实感、劳动美，桂花成熟时要及时"摇"，台风来袭要提前"摇"，"摇下来的桂花，朵朵完整、新鲜"；二是，家乡的桂花之中有乡里乡亲的乡情，桂花是邻里交往的媒介，自己吃不了可以送人；三是，家乡的桂花之中有母子同乐的亲情，摇花是情趣盎然的亲子活动，大人小孩都喜欢。如此说来，琦君的桂花意蕴丰满，远超白居易《忆江南·其二》中的"桂子"物象——"江南忆，最忆是杭州。山寺月中寻桂子，郡亭枕上看潮头。何日更重游？"

4　珍珠鸟

《珍珠鸟》，散文。作者冯骥才（1942—），天津市人，中国当代作家、画家、民间文化保护社会活动家。二十世纪七十年代，冯骥才在天津工艺美术工人大学教授中国画，并联袂举办"三作家书画展"。八十年代，冯骥才的《雕花烟斗》《神鞭》先后获全国优秀小说奖，发表散文名篇《挑山工》《珍珠鸟》，并担任天津市文联主席、中国文联副主席、民进中央副主席等职。九十年代，发表小说《市井人物》，并获首届中华文学选刊奖，在上海美术馆、中国美术馆及欧美等地举办个人画展，当选国际民间艺术组织（IOV）东亚副主席。2000—2001年，出版小说集《俗世奇人》，当选中国小说学会会长、中国民间文艺家协会主席。2018年，获"中国文联终身成就民间文艺家"称号与鲁迅文学奖短篇小说奖。

　　冯骥才散文，画家气息浓郁，那些写景、抒情为主的作品，画家灵气更甚，时有诗的境界呈现。他通常机巧地诉诸画面，或以具象替代生活印象，少有空泛枯燥的呻吟，且往往辅之以音乐感，有心灵表白的诗韵与精神自由的"舞姿"。《珍珠鸟》始发于《人民日报》，本世纪初进入义务教育语文教科书。他的另一篇文章《刷子李》，列入统编版语文教科书五年级下册之中。

（1）聚焦"真好"

这是一篇"光彩照人"的散文，"'头'起得'带劲'"①，"带劲"在"真好"。我们认为，只要真正理解"真好"，就能准确把握这篇散文的情趣与宏旨，而不至于被作者的"一时的感受"与"信赖"误导。情趣，当然是趋真、趋善、趋美的情趣，是散文的第一要义。文章以"真好"开篇，先声夺人。这是虚张声势，还是恰如其分？紧扣文本，联系作者其人，证明是恰如其分。"真好"，友情真好！"朋友送我一对珍珠鸟"，不是一只，珍珠鸟的习性之一是成双成对或成群生活，朋友送一对给"我"，说明是真心诚意的。这是趋真。"真好"，有鸟真好。冯骥才是画家，他的审美经验告诉自己，美的环境一定是动植物一体——有植物而生机或清幽，有动物而灵动或谐趣，他要营造一个清雅精致的室内环境；好的绘画作品，绝非仅有花草山林、亭台房舍，还得有人啊禽啊兽啊，鸟啊虫啊鱼啊。原来他家里已有"一大盆异常茂盛的法国吊兰"，现在又来了一对珍珠鸟，岂不美哉！这是趋美。真好，鸟真好，人鸟亲密、共处一室真好。鸟的叫声好听，"笛儿般

---

① 卓如编 . 冰心全集（第8卷）［M］. 福州：海峡文艺出版社，1994（217）.

又细又亮"；鸟的长相好看，"鲜红小嘴""红嘴红脚，灰蓝色的毛""银灰色的眼睑"；鸟憨态可掬，"可爱的鲜红小嘴从绿叶中伸出来"，"伸出小脑袋瞅瞅我"，"整个身子好像一个蓬松的球儿"，"在屋里飞来飞去……啄着书脊上那些大文豪的名字"，"蹦到我的杯子上，俯下头来喝茶……跳动的小红爪子在纸上发出嚓嚓的响声"，"我不动声色地写，默默享受着这小家伙亲近的情意……涂了蜡似的小红嘴，嗒嗒地啄着我颤动的笔尖。我用手抚一抚它细腻的绒毛，它……反而友好地啄两下我的手指"，"居然落到我的肩上……竟趴在我的肩头睡着了……我轻轻抬一抬肩，它没醒，睡得好熟！还咂咂嘴，难道在做梦"，小鸟调皮，人鸟亲密，一派人鸟合一的景象！这是趋善。课文至此，即便删除最后两个自然段"我笔尖一动，流泻下一时的感受：信赖，往往创造出美好的境界"，不也是一篇完美的美文吗？我们认为，文章"信赖"的结尾，只是作者在特定背景下高扬时代主题的一种感受，并非感受的全部。如果没有它，读者自然也会放飞思想的翅膀，遐思无疆！

（2）品味格调

现有文章的结尾，可能有"不及其余"的局限，作者本人也深知这一点，所以他写得很清楚，"笔尖一动，流泻下一时的感受"。至于为何忍不住"一动"，而有"一时的感受"，那是因为他是经过"文革"浩劫的人，其时正在深刻反思、批判"文革"，深以为"信赖"的稀缺与可贵。两年后，他在一部著作中说："在那场人间相互戕害而失去了相互信任之后，我为得到这样无戒备无保留的信赖而深感欣慰。"①无疑，"一动"并不代表他的思想、他的文章意涵的全部。但是，很多教师、读者非但看不到他只是"一动"，而且针对他的"一动"产生强烈的反弹，去质疑，其主要说法有"囚笼"说、"头疼"说与"格调不高"说。②我们认为，这些说法没有抓住主流与矛盾的主要方面，遑论"囚笼"，无须"头疼"，也谈不上"格调不高"。作者是画家，而且比较有成就，养笼珍珠鸟写生，理所当然。作者是民间民俗文化的守望者，养鸟、遛鸟可说是国人的日常爱好之一，他也亲历、感受一下，无可非议。作者是普通人，养笼鸟添趣怡情，未尝不可。人与动物和谐相处、和谐共生，从根本上并不排斥饲养动物、玩赏动物。珍珠鸟本身性情温顺，"为世界许多国家饲养的观赏鸟"③，多人工繁育，饲养观赏可是人类正常活动的题中之义。这里没有什么限制自由的问题，笼养珍珠鸟，只要不去虐待它，就无可厚非。主张解除观赏鸟的笼子，与主张拆除猪圈一样荒谬。这里没有绝对的自由，没有抽象的"天高任鸟飞"，有的是人类正

---

① 冯骥才.一百个人的十年［M］.北京：文化艺术出版社，2016（8）.

② 郭初阳.笼外之笼——我是如何解读《珍珠鸟》的［J］.人民教育，2005（05）：34-35；窦桂梅.当骂人"禽兽不如"的时候——由电影《金刚》引发的关于《珍珠鸟》的教学思考［J］.语文教学通讯·小学，2007（03）：25.

③ 斑胸草雀［EB/OL］.［2022-02-25］.鸟网.

常的生活、大众的文化。课文里的雏鸟与人是亲密无间的，而大鸟对小鸟"生气地叫一声""再三的呼唤"，真就是怨恨人类、害怕小鸟在外面被人类伤害吗？不见得。因为以人类本身来揣度，任何大人也不会放任身边的幼儿走太远、离太久，而是会时不时去呼唤，这是牵挂与呵护的本能。《珍珠鸟》现有的叙事与抒情无所谓"格调不高"。如果作品真如某些人所期望的，去"完善"一个放飞珍珠鸟的结尾，我们只能说，那是一部浪漫主义作品，而目前我们所看到的，是一部现实主义作品。仅此而已。

（3）疏解词语

▲它小，就能轻易地由疏格的笼子里钻出来。

"疏格"，形容词，空格疏朗，格子稀疏。此词为冯骥才《珍珠鸟》首创，后成为描写鸟笼的规范标准用词。

（4）修正错误

教材课文的典范性，并不表明其十全十美。撇开真理的相对性不谈，完全没有差错的教材是很少见的。面对错误，教师没有必要遮掩，而应在纠错中促进学生健康成长。[①] 具体到

---

① 顾之川. 语文课程与考试论［A］. 刘国正，曹明海. 名家论语文丛书［C］. 济南：山东教育出版社，2021（190）.

《珍珠鸟》一文，关于"珍珠"位置的描述，是不准确的——"红嘴红脚，灰蓝色的毛，只是后背还没生出珍珠似的圆圆的白点。"

珍珠鸟是金山珍珠的别名，学名斑胸草雀（拉丁文Poephila guttata，英文Zebra Finch），也叫锦花雀、小珍珠等。它原分布于澳大利亚和印度尼西亚，约二十世纪七八十年代引入国内。珍珠鸟嘴、脚深红，羽色艳丽，娇小玲珑，叫声细柔，给人以美的享受，是驰名世界的人工繁育鸟、饲养鸟。它性情胆小怕人，喜安静环境，避免惊吓尤为重要。作者依其天性，既成对饲养，又将其置于书房，并用"长长的、串生着小绿叶的垂蔓蒙盖在鸟笼上"。雄鸟胸部下方两侧或曰两胁呈栗红色，并布有小白色圆点，状如珍珠，故名珍珠鸟；雌鸟相应部位则无此特征。显然，课文谓其"后背还没生出珍珠似的圆圆的白点"是错误的，可将其改为"两胁还没生出珍珠似的圆圆的白点"。

第二单元

5 搭 石

《搭石》，散文。作者刘章（1939—2020），河北兴隆人，我国当代诗人、散文家。他的作品有《刘章诗选》《刘章乡情诗》《刘章散文选》等诗文集。1999年，在《诗刊》社"新中国成立50年来，你最喜爱的50位诗人"评选中，他与郭小川一道双双获此殊荣，成为河北承德诗坛"双骄"。刘章是从河北山村里摸爬滚打出来的作家，作品散发泥土的芬芳，洋溢北方农民质朴的乡情。他有感于搭石渡水的方式，"长期造就和展示了山里人勤劳、热心公益、互助礼让的美德"特质①，进而于1980年2月创作了《搭石》。本世纪初，作品进入义务教育语文教科书。

（1）"搭石"风景

课文第2自然段的首句"搭石，构成了家乡的一道风景"，应看作全文的中心句，其中"风景"应是文眼。这比较特别，

---

① 刘章. 写作《搭石》的前前后后［J］. 小学语文教学，2005（11）：30.

因为一般而言，文章的中心句多出现在起始段或结尾段之中。

文章虽题为《搭石》，却绝非在写"搭石"物体本身，而在写山里人的精神风景。全文5个自然段，只是在第1自然段用一句话交代"搭石"——"进入秋天，天气变凉，家乡的人们会根据水的深浅，从河的两岸找来一些平整方正的石头，按照二尺左右的间隔，在小溪里横着摆上一排，让人们从上面踏着过去"，而大量的篇幅是在叙述人们何以摆放搭石、如何走过搭石。这到底是一道怎样的风景？这不是自然的风景，而是人文的风景。从纯自然的角度来说，在小溪里横一排石头岂非大煞风景？但"人是万物的精灵"，能够通过劳动创造美好生活，正如根据季节变化，有意去摆放搭石，克服溪流的阻隔，从而实现在小溪的两边之间穿行。这是最为简单的改造自然的活动，"如果别处都有搭石，唯独这一处没有，人们会责备这里的人懒惰"。在作者眼里，家乡"秋凉以后，人们早早地将搭石摆放好"，这是家乡人勤劳的风景；紧走搭石、"上了点儿年岁的人……只要发现哪块搭石不平稳，一定会放下带的东西，找来合适的石头搭上，再在上边踏上几个来回，直到满意了才肯离去"，这是家乡人热心公益的风景；"每当上工、下工，一行人走搭石的时候……前面的抬起脚来，后面的紧跟上去。嗒嗒的声音，像轻快的音乐；清波漾漾，人影绰绰"，这是家乡人和谐欢快的风景；"如果有两个人面对面同时走到溪边，总会在第一块搭石前止步，招手示意，让对方先走；等对方过了河，两人再说上几句家常话，才相背而行"，这是家乡人礼让互助、亲近和睦的风景；"假如遇上老人来走搭石，年轻人总要俯下身子背老人过去"，这是家乡人尊敬老人的风景！这样的家乡"搭石"风景，是在作家来到城里之后，"当我见到人们抢着挤公共汽车的时候，见到人们无序地匆匆横穿马路的时候……当我见马路上有砖头或树枝，人们宁可绕着走也不肯弯腰拾起的时候……"，深受触动，有感而赞美、扬善。当然，也是对人们不文明行为的批判。

（2）相背而行

课文第4自然段，"……等对方过了河，两人再说上几句家常话，才相背而行"句中"相背而行"的使用，单纯从词义来看，没有什么问题，但如联系现实语境，则存在感情色彩与质朴性的疑问。"相背而行"这一成语，形容彼此的方向和目的完全相反，其近义词是"南辕北辙""适得其反"等，似乎含有贬义。姑且不谈"相背而行"是否真有贬义，至少它不够质朴、"味道"不淳，倘若将其改为"各自转身离去"，感觉就大不一样！

6　将相和

　　《将相和》，传记故事，改写自司马迁《史记·廉颇蔺相如列传》。司马迁（前145年或前135年—？），今陕西韩城（一说山西河津）人，字子长，西汉史学家、文学家、思想家，被后世尊称太史公。他亦为两汉时期的星象家。司马迁早年漫游神州，博闻采风。后来，初任郎中，奉使西南；继则任太史令，继父遗志，尊崇董仲舒与孔安国，著述历史。惜因故而受宫刑，发奋终成史籍巨制《史记》，开纪传体史学先河。它溯源上古黄帝时期，延及汉武帝当朝，前后逾三千年历史，居"二十四史"之首。全书一百三十篇，包括十二本纪、三十世家、七十列传等，对后世影响至伟，奉为"实录、信史"，与《资治通鉴》并称"史学双璧"。

　　课文《将相和》，由"完璧归赵""渑池会（面）""负荆请罪"三个小故事组成。它的主旨是：将相和睦，安邦定国。早在二十世纪五十年代，《将相和》即进入中等教育语文教科书。

（1）速读有法①

《将相和》在速读能力培养单元的四篇课文中篇幅最长，它的精彩流畅是开展速读训练的良好素材。本课的课前预习提示"尽量连词成句地读，不要一个字一个字地读"，是初始要求、基本技巧。除此之外，我们认为还要注意克服深层的偏差。首先，速读不是慌里慌张地读。速读是在小学生文本识读能力有了较大提高之后，面对大文本的应付裕如的高水平阅读。它需要充分调动、高度集中注意力，紧张快读。但这个紧张，是神情专注，不是心理慌张；是全力以赴，不是慌不择路。其次，速读不是断章取义地读。速读，应不离完整把握文本信息之宗。它是统章取义的，可能会忽略、舍弃部分文本信息，但绝不应以牺牲文本的整体信息、主要含义、中心思想为代价，必须通览文本，把握内容。第三，速读不是穷根究底地读。速读容不得过多停顿、逗留，而是径直读。碰到生字词、难懂的词句，或在后续的阅读中联系上下文去化解，或在读完后即时去求解、寻找答案，或搁在心里，去追求一种"得来全不费工夫"的理想境界。第四，速读不是滑头偷懒地读。速读代表阅读强度的提高而非降低，本质上是"卖劲"读而非"偷懒"读。要告诫学生，切忌偷懒耍刁、只读头尾的现象。第五，速读不是溜嘴皮地读。速读多是默读，一目十行，"眼脑

---

① 刘永平．统编语文教材的长文短教学［J］．教学与管理，2020（05）：48．

直映"，眼到心到。当然，速读固然用眼极端重要，但必要的动嘴不可舍弃。在日常的默读中，遇精美部分，逢困倦之时，不妨大声读出，以充分释放思想情感，提振精神。

（2）主角拜官

蔺相如是《将相和》中的一个主角，文章对他着墨甚多。他本来只是赵国宦者令缪贤的门客，却凭借周赧王三十二年（前283年）"完璧归赵"中完美的机智表现和周赧王三十六年（前279年）"渑池会"上突出的勇敢行为，而分别被赵王封为"上大夫"和"上卿"。就在蔺相如被封上大夫的同一年，廉颇已因破齐有功而官拜上卿。然而，四年后蔺相如的官阶虽然才与廉颇齐平，却位居其右（上），从而引起了后者的强烈不满，进而演绎出负荆请罪的故事。那么，上大夫、上卿是什么官呢？在先秦诸侯国中，国君之下有卿、大夫、士三级。战国时，官爵分为卿和大夫两级，在卿中有上卿、亚卿之分；在大夫中，有长大夫、上大夫、中大夫等之别。如此说来，蔺相如因在渑池会上的杰出表现，整整官升两级，跨越了长大夫和亚卿。他的"上卿"官阶，相当于丞相，但不止一人。当然，这种官阶序列在"战国七雄"之中也不完全一致。到了秦汉时期，更发生改变。

（3）评"渑池会"

"渑池会"是"赵胜秦负"吗？不应得出这样的结论。

在"渑池会"上，虽然最终秦王也为赵王击了缶，但事实上赵王与秦王还是不对等的，课文的描述非常精准：赵王为秦王鼓瑟，"鼓了一段"；秦王为赵王击缶，"敲了一下"。而且，瑟、缶不在一个等级上。瑟是高级的、需要精心演奏的弹拨乐器，"琴瑟击鼓，以御田祖，以祈甘雨"[①]；缶则是低级的、只需简单敲打的打击乐器。秦王"敲了一下"缶，可说是象征性的，本质上是应付了事。蔺相如当然也是见好就收"记录下来"，就势找补面子、下台阶，毕竟秦赵两国悬殊的实力摆在那儿。因此，要引导学生正确理解文中的"秦王也没占到便宜"这句话。整个渑池会，秦国是碾压赵国的，蔺相如只是招架有谋，勤王有功，助赵王免于过度的羞辱。如果认为"赵胜秦负"，那是不准确的。"没占到便宜"，就是没有得到显著的好处，并不意味输。

此外，课文描写的"渑池会"，有一段细节值得再推敲。针对秦王拒绝对等为赵王击缶，蔺相如说，"您现在离我只有五步远。如果您不答应，我就跟您同归于尽！"紧接着就是，"秦王左右的卫士想杀了蔺相如，但蔺相如怒目圆睁，厉声呵斥，卫士竟不敢上前"。显然，这里的情节刻画是不合情理的。就算蔺相如大义凛然，真能吓阻秦王的卫士去杀他，可五步之外的他能跟秦王同归于尽吗？他只是个

① 刘毓庆，李蹊 译注. 诗经·雅 颂（下）［M］. 北京：中华书局，2011（576）.

文官，能这样去威慑秦王吗？秦王可有"左右的卫士"啊！因此，蔺相如"以死相搏"秦王的说辞最好还是回到《史记·廉颇蔺相如列传》的原文那里——"……相如曰：'五步之内，相如请得以颈血溅大王矣！'"，即"您现在离我只有五步远。如果不答应，我就割颈而死，血溅大王"。这样去表达以死抗争的决心，去威胁秦王，才是合乎情理的，因为在古代，颈血溅身是很不吉利的。①

①刘培国.《将相和》中的三处疏漏［J］.小学教学研究，2006（07）：22.

7 什么比猎豹的速度更快

　　《什么比猎豹的速度更快》，儿童科普读物。作者罗伯特·E.威尔斯（Robert E. Wells），1940年生于美国加州帕萨迪纳市，儿童科普读物作家。二十世纪九十年代，他开始创作图文并茂的儿童读物。1993年，第一本书《这世上蓝鲸最大吗》问世。他的其他著作包括：《还有什么比鼩鼱①更小》《什么比猎豹的速度更快》《大象为什么需要太阳》等等。他的作品被译成多国语言出版。迄今，已是卷帙浩繁，内容丰富，从天文学到天气，从生物学到测量，引人入胜，极具教育意义，是二至五年级学生极好的科普读物。他的笔调和发人深省的问题，引导孩子进行自主思考，为他们开启科学的大门。《什么比猎豹的速度更快》，1996年获得美国国家科学教师协会和儿童读物委员会大众科学图书优秀奖。2008年，于姝等翻译的威尔斯

---

　　① 鼩鼱（qú jīng），属于鼩形目鼩鼱科，长得极像老鼠，但其实两者没有任何关系。它产生于中生代白垩纪，是世上最早的有胎盘动物，也是最小的哺乳动物。它适于食虫，小巧可爱而有益。

《妙想科学》丛书（绘本）在贵州人民出版社出版，本文是其中之一。2019年，它开始进入我国统编小学语文教科书。

（1）问句的力量

《什么比猎豹的速度更快》是说明文，更是一篇面向儿童的科普文章。文章主旨，是介绍一系列速度快的物体，而不是讨论猎豹的速度与鸵鸟、火箭乃至光的速度存在差异的原因，因为作为动物的猎豹与火箭、光等不具有可比性。文章标题采用问句形式，是罗伯特·E.威尔斯的一贯风格，一如《什么比猎豹的速度更快》《这世上蓝鲸最大吗》《还有什么比象龟更老》《还有什么比鼩鼱更小》《为什么北极熊的世界在融化》《恐龙喝的水和今天的一样吗》[①]……均是以问句形式确定书名和文题。作者的这一做法，对孩子极具针对性，旨在引发好奇心，激发阅读兴趣，引导他们去探索更多知识的奥秘。

课文除了标题，还在三处使用设问句，目的都是力图克服说明文平铺直叙的索然无味、寡淡无趣，并且着力营造现场感，把读者带入"现场"，从而增强文章说明表达的效果。第一处出现在第5自然段，"如果你对着一个以超音速移动的人大喊，他是什么都听不见的。因为声音根本就追不上他"，能让读者对超音速的概念获得切身的了解；第二处出现在第6自

---

① 潘文彬，金立义. 借课文教策略 用策略读文本——五上《什么比猎豹的速度更快》教学实录及评析［J］. 小学教学设计·语文，2020（7-8）：58.

然段，"如果你想到月球上去，就需要搭乘速度更快的工具了……"。先制造悬念，后揭示答案——"对！我们需要一枚火箭"，能显著加深读者对火箭速度与火箭作用的印象；第三处出现在第8自然段，"如果按照光速运动，我们一秒钟就可以沿着地球赤道转7圈多"，能使读者对光速惊诧不已，在心头刻下难以磨灭的记忆。

（2）附加列表

运用图表，是强化说明文表达效果的常规手段。《什么比猎豹的速度更快》比较了人类及9种物体的运动速度，我们不妨在文后附加列表，从而使说明更加直观，对全面把握"陆地上跑得最快的动物"猎豹的速度更具冲击性。教师不妨首先鼓励学生自己去设计表格，确定表的题目、栏目与格式等，因"文"制宜，锻炼他们的语文能力与综合素养。在阅读环节，借助关键词句，提高阅读速度，可以引导学生将物体与速度连线，高效把握课文主旨，明了作者所列举的高速运动的物体有哪些，又有哪些快于猎豹，幅度如何。值得注意的是，课后习题二，不仅忽视了没有明确速度的汽车，还遗漏了有明确速度的声音。

附：

人类速度与世上运动奇快的9种物体速度一览表

序号	类　别		名　称	速　度 （千米/小时）
1	生物体		人类	44
2			鸵鸟	72
3			猎豹	110
4			游隼	320
5	非生物体	人造物	汽车	120*
6			喷气式飞机	数倍于声速
7			火箭	40000
8		自然物	声音	1050
9			流星体	250000
10			光	1080000000

说明：*我国高速公路汽车限速一般为120千米/小时，美国也在此数值左右。

（3）"而来"与"而去"

在课文第5自然段中，针对"如果你对着一个以超音速移动的人大喊，他是什么都听不见的。因为声音根本就追不上他"这句话，如果咂摸一下，令人不觉有"而来"与"而去"差异存在的疑问。《什么比猎豹的速度更快》，旨在通过与人及诸如鸵鸟、飞机、火箭、流星体、光和声音等一系列物体速度的比较，让读者对猎豹的速度有一个更为清晰而全面的认识：在生物界够快，在宇宙间真慢。猎豹的速度，尽管很快，但与声音相比，还是慢了许多。声音的速度，大约是340米/秒，人喊叫的声音也一样。毫无疑问，当你对着一个以超音速离你而去的人大喊的时候，他是什么也听不见的，因为你的声音根本追不上他离去的速度。检视课文，却是"你对着一个以超音速移动的人大喊"，而他的实际移动可能有两种状况：一种是他以超音速冲你而来，一种是他以超音速离你而去。在我们的逻辑思维中，不能排除第一种状况的存在。当他以超音速冲你而来，你的大喊怎么可能听不见呢？只有在他以超音速离你而去时，你的大喊是他怎么也听不见的。"而来"与"而去"，情境殊异。因此，不能笼统说"一个以超音速移动的人……"，结合课文语境，只能说"一个以超音速离你而去的人……"。

8　冀中的地道战

《冀中的地道战》，记叙文（通讯特写）。作者周而复（1914—2004），江苏南京人，原名周祖式，我国当代著名作家、书法家。二十世纪三十年代，他参加左翼文艺活动，以诗人面貌现身文坛，诗集《夜行集》问世，郭沫若为其作序。后赴延安，加入中国共产党。1939年秋，他参加八路军政治部文艺小组，在晋察冀边区工作，并以新华社特派员身份赴华北等地采访。新中国成立后，周而复曾任国家对外文化交流部门领导和文化部副部长、对外友协副会长等职务。1986年，他因故被开除党籍，十六年后恢复党籍。他创作生涯七十年，与时代同呼吸，并以高超的艺术水准，潜心小说、散文、诗歌、杂文、报告文学和文艺评论等创作，著作等身。他的中、长篇小说《白求恩大夫》《上海的早晨》等，深具历史意义与国际影响，《长城万里图》获中宣部"五个一"工程奖。他在中国现代文学史上占有独特地位。周而复书法造诣深厚，受到赵朴初、启功等大家赞誉。他曾任国际笔会中国中心常务理事、中国书协副主席等职务。

1945年6月，周而复创作完成《地道战》，并发表于当年的《群众》周刊。《冀中的地道战》即改编于此文。二十世纪八十年代，《冀中的地道战》进入初等教育语文教科书。

（1）人民战争

地道战取得成功的关键，是人民的参与、支持。地道战，凝聚了人民的智慧，更凝结着人民的汗水与财富。日本侵略军在冀中平原上的"大扫荡"，被人民战争的汪洋大海埋葬。

"在广阔平原的地底下，挖了不计其数的地道"，谁挖的？冀中人民。我们可以想象一下，就是挖一个仅能藏人的洞，需要花多大的功夫？更何况是"横的，竖的，直的，弯的"，"不计其数的地道"，每隔一段距离就有的、能够容纳一二百人在里面生活三五天的"大洞"！"地道挖掘耗费巨大"[①]，除了人力，人民还需要付出巨量的物力，筐、锄、镐，特别是灯油，一样不能少。地道的隐蔽功能，可是地道的生命。谁来保守地道秘密？冀中人民。"家家相连，村村相通"，没有人民的保护，地道就是明道，敌人扫荡起来就不会扑空，党的干部、八路军就不能掩护自己。谁来守护地道安全？冀中人民。"地道的出口也开在隐蔽的地方……离出口不远的地方挖几个特别坚固的洞，民兵拿着武器在洞里警戒"，

---

① 黄道炫. 敌意——抗战时期冀中地区的地道和地道斗争［J］. 近代史研究，2015（03）：14-15.

"人在地道里怎么能了解地面上的情况呢？民兵指挥部派出一些人分布在各处，发现了敌情就吆喝起来"。显然，又是人民在地道战中站岗放哨、通风报信，让地道发挥应有的作用。总之，人民群众同仇敌忾、勠力同心，是地道战大功告成的关键。冀中平原上的人民"有力地打击了敌人，在我国抗日战争史上留下了惊人的奇迹"。

（2）理解"我们"

　　敌人来了，我们就钻到地道里去，让他们扑个空；敌人走了，我们就从地道里出来，照常种地过日子，有时候还要打击敌人。

课文标题是《冀中的地道战》，而非《我们的地道战》。这就是说，文章总体上是以第三人称来写的。因此，例文中的"我们"似乎完全可以，甚至是应该替换为"他们"或"冀中人民"，如："敌人来了，他们就钻到地道里去，让其扑个空；敌人走了，他们就从地道里出来，照常种地过日子，有时候还要打击敌人。"而且，课文在很重要的三处地方就是以第三人称叙述的：第2自然段，"为了粉碎敌人的'扫荡'，冀中人民……"；第3自然段，"靠着地道这种坚强的堡垒，冀中平原上的人民……"；最后一个自然段，"冀中平原上的人民……在我国抗日战争史上留下了惊人的奇迹"。如此，怎么理解作者在例文中用"我们"呢？我们认为，这里的"我们",一是针对大的方面——敌我双方而言,作者无疑是我方,是"我们";二是作者刻意融入"冀中人民"之中,"我"就是"他们"中的一分子,"他们"就是"我们",以显示与冀中人民无分你我的亲密关系。

（3）疏解词语

▲原来地道里每隔一段就有个很窄的"孑口",只能容一个人爬过去。

"孑",单独、孤单。"孑口",顾名思义,只容个人通过的关口,与"隘口"近义。隘口,特指狭窄的山口①,泛指狭窄的出入口,如:"一阵的拥挤,潘先生像在梦里似的,出了收票处的隘口。"②

▲有了地道战这个斗争方式,敌人毒辣透顶的"扫荡"被粉碎了。

"扫荡","在大范围内用武力手段肃清（敌人）"（《现代汉语规范词典》第4版,P1186）。在教学中,我们需要让学生对例文中的"毒辣透顶"有更深入的了解,从而使其对地道战的性质、意义有更深刻的理解。地道战,是"为了粉

---

①《现代汉语词典》第7版只是将"隘口"解释为"狭隘的山口"（P5）,是偏颇的,因为"隘口"之"口"不应局限于"山口"。

②叶圣陶集（第2卷）［M］.南京:江苏教育出版社,2004（166）.

碎敌人的'扫荡'"而创造出来的。1942—1944年，日本侵略军在冀中平原上的"扫荡"是"大扫荡"，"修筑了封锁沟和封锁墙，十里一碉，八里一堡"。它的"毒辣透顶"，具体表现在"采用'铁壁合围''梳篦拉网''剔块清剿'的方法，实行据点、碉堡、壕沟、修路、筑墙'五位一体'的'囚笼政策'"，杀戮大批干部，摧毁抗日政权。① 因此，地道战旨在"化无险可守的平原为不可攻克的要塞"，"是华北人民保家卫国，开展游击战争，在平原地带战胜顽敌的伟大创举"，"神出鬼没，出奇制胜"。②

---

① 林钰杰，葛清伟.地道战的历史渊源及抗日战争时期在冀中平原的运用浅析［J］.黑龙江史志，2015（02）：60.

② 郑立柱.聂荣臻与文物保护［J］.党史纵览，2004（01）：32.

第三单元

9　猎人海力布

《猎人海力布》，传说（民间故事）。整理者甘珠尔扎布（1903—1970），蒙古族，辽宁彰武人，又名韩绍约、川岛隆良（与日本间谍川岛芳子有过短暂婚姻）。伪满时期，他在伪政府军警界任职多年，甚至担任要职。1945年8月，被出兵中国东北的苏联红军俘虏。新中国成立后，著有《甘珠尔扎布笔供》《"凌升通苏事件"真相》《肃亲王之一家》等文史资料。二十世纪九十年代末，《猎人海力布》进入义务教育语文教科书。

认识传说

民间故事，是一种传说。要给传说下一个高度概括的恰当定义是困难的。它是一种"特殊的文化形式"（梁亮，2010），属"实践性叙事体裁"（刘文江，2012），属于文学范畴，是历史性和艺术性的统一，源于生活而高于生活。传说，具有较为真实的历史背景、社会环境甚至人物特征，而故事情节却大多虚构，查无实据。它具有三个鲜明特点：一是历史溯源深，或者说具有经久不衰的生命力；二是可受性强，叙事精彩，人们宁信其有；三是成长性佳，雅俗共赏，多由初始的、局域的、粗糙的述说形态上升为成熟的、广域的、精美的故事，甚至成为民族民俗文化的一部分。传说有多种，神话传说、人物传说、景点景物传说、民俗文化传说等。传说具有造名功能、期望功能、美化功能与教化功能。造名功能，传说让平凡变得伟大，让有名变得杰出，让籍籍无名变得鼎鼎大名，譬如《枫桥夜泊》让寒山寺驰名中外。期望功能，传说激发人的期望，实现人的期望，其所表达的英雄情结、侠客精神、超凡能力、克难欲望、悲悯情怀等都是大众所期望的。美化功能，传说让伟人更完美，譬如《月光曲》，让人们看到了伟大作曲家贝多芬的另一面。教化功能，传说以其绝妙想象、跌宕情节、精神享受深深感染受众，润"人"于无声。传说以其趣味性为小学段教育所必需。小学段教育脱胎于幼教段游戏化教育，趣味性是必不可少的。小学语文教科书中有很多传说类课文，如《普罗米修斯》《牛郎织女》《伯牙鼓琴》等等。教学传说类课文，要紧扣故事构思、情节渲染、精神浸染、生活热爱四个着力点，训练学生的想象力、语言表达能力，引导学生弘扬传说折射出的积极精神、人文情怀，增强对美好现实生活的认识，提高核心素养。

10 牛郎织女（一）

《牛郎织女（一）》，民间故事。整理者叶圣陶（1894—1988），江苏苏州人，我国现代作家、教育家、出版家和社会活动家，有"优秀的语言艺术家"之称。二十世纪二十年代，他相继发表童话《稻草人》、短篇小说《线下》和长篇小说《倪焕之》等作品。抗日战争期间，参与发起成立"文艺界抗敌后援会"。1949年，叶圣陶担任华北人民政府教科书编审委员会主任。新中国成立后，他先后任教育部副部长、人民教育出版社社长、中央文史研究馆馆长、民进中央主席、全国政协副主席等职务。他的文学作品，具有对"灰色人生"的冷静观察和客观描写，现实主义特征鲜明。他的内心深怀悲悯之情，落笔处却藏而不露，冷隽含蓄，意多在言外。1955年初，整理《牛郎织女》，直接服务于当时的中学语文教科书建设。[①]

王母娘娘

课文倒数第4段有这样不近情理的叙述，"原来姑娘是天

---

① 叶圣陶集（第4卷）［M］. 南京：江苏教育出版社，2004（486）.

上王母娘娘的外孙女……王母娘娘需要的彩锦多，就叫织女成天成夜地织，一会儿也不许休息"。王母娘娘究竟为何如此尖刻、歹毒？她是怎样的角色？王母娘娘，又称王母、金母、瑶池金母、西王母、西灵圣母、太华西真万炁①祖母元君、九灵太妙龟山金母等，道号为"上圣白玉龟台九灵太真无极圣母 瑶池大圣西王金母 无上清灵元君 统御群仙大天尊"。她是中国神话里掌管惩恶、预警灾厉的长生女神，居女仙之首，主宰阴气、修仙，对应男仙之首"东王公"。她还是生育万物的创世女神。后来，多将西王母奉为婚姻、生育、保护妇女的女神，并在民间传说、小说戏曲中大量出现。果真如中国文化中的王母娘娘形象，似乎很难把她与"凶神恶煞"画等号。课文里说："每天早晨和傍晚，王母娘娘拿她织的彩锦装饰天空，那就是灿烂的云霞……"难道王母娘娘真是"创世女神"，把创世与造福人类的使命看得高于一切？恐怕也只能作这样的解释。由此，我们应给学生以启示：神都没有绝对的善与绝对的恶，何况人呢！我们不能轻易给别人贴好人或坏人的标签，好人可能也有坏的一面，坏人可能也有好的一面，切忌简单化，关键看主流。人无完人，难有尽善尽美！

---

① 炁（qì），同"气"，是一种形而上的神秘能量。

11 牛郎织女（二）

　　《牛郎织女》，是中国口头传说的一部分，在汉民族区域流传甚广，甚至远出国门，流播东亚文化圈。2007年，在我国第二批"国家非物质文化遗产名录"申报中，山东沂源、河北邢台、山西和顺、陕西西安、江苏太仓、湖北襄阳、河南南阳等地，均以牛郎织女传说发源地踊跃申报。一年后，山西和顺、山东沂源两县的"牛郎织女"传说，共同入选名录；甘肃省西和县"七夕节"（乞巧节）民俗，入选第一批国家级非物质文化遗产扩展项目名录。[①]课文《牛郎织女》，是近代才有的版本[②]，由叶圣陶进行再创作，最初编入二十世纪五六十年代初中课本《文学》第一册。

---

　　① 中国艺术研究院，中国非物质文化遗产保护中心.第二批国家级非物质文化遗产名录简介［M］.北京：文化艺术出版社，2010（9，877-878）.

　　② 牛会娟，江玉祥.七夕与牛郎织女的神话传说［J］.文史杂志，2013（06）：18.

（1）糟粕与精华

牛郎织女传说，历时久，传播广，流变大，但核心内涵几乎都是"天无绝人之路，隐忍小子神眷顾"。课文也一样：牛郎儿时面对哥嫂的虐待，无力反抗，逆来顺受，"吃剩饭，穿破衣裳"，睡"牛棚""干草上"，哥嫂"爱理不理的"。长大了，则是继续忍让，哥嫂"把他看成眼中钉"，分家只给了他一头"老牛"、一辆"破车"，并要他当天"赶紧离开"家，而他的反应是"好，我这就走"。他"牵着老牛，拉着破车……走到山里"。接下来，他与老牛相依为命，艰苦生活。牛郎是现实中生活困顿、隐忍认命的代表。最终，他感动上苍。原来，老牛是神牛，神牛要帮他！纵览《牛郎织女》的故事发展，到底是什么感动了神牛？是他的不幸遭遇？还是他的隐忍，他的辛勤付出？我们发现，他的不幸遭遇没有感动神牛，因为那早已发生，而神牛无动于衷。感动神牛的是他曾经的隐忍，或一直以来对（神牛）自己的悉心付出，抑或是两者兼而有之。神牛帮他，先给他指点迷津，送了个仙女新娘子；临终时，又提醒他保留好宝物神器"牛皮"——后来果真派上了大用场，使他与天仙织女不致完全隔"河"相望。这个故事总体宣扬了什么？有隐忍，也有付出。①宣扬隐忍，与现代文明

---

① 在教学实践中，有一些老师甚至是很知名的老师，以"迢迢牵牛星，皎皎河汉女。纤纤擢素手，札札弄机杼。终日不成章，泣涕零如雨。河汉清且浅，相去复几许。盈盈一水间，脉脉不得语"（《古诗十九首·迢迢牵牛星》）来组织、导入课文，是在根本上走偏。

格格不入，是十足的糟粕。牛郎在哥嫂那里的遭遇，放在今天完全应该拿起法律武器，诉诸社会力量，勇敢斗争，维护自己的合法权益。宣扬付出，付出—回报是现代文明的规则之一，是精华，值得弘扬。当然，避开故事发展的主脉络，聚焦课文"牛郎织女"的特定侧面：牛郎"捡起那件粉红色的纱衣"，"牛郎、织女在桥上亲亲密密地说话"，这里有爱情。中国文化中的每年农历七月初七"鹊桥会"不仅是爱情的象征，也是"天上人间"完美结合的愿景。这也是精华。不过，"牛郎织女"的完整故事，还有牛郎"偷"纱衣的版本，这样的爱情就要大打折扣。总之，《牛郎织女》故事，一方面，反映的是民族文化"天道高于人道"的追求、"听天由命"的宿命；另一方面，也体现了古代劳动人民对弱者的深切同情，或者说体现了社会底层在封建等级制重压下寻求自我心灵慰藉的倾向。

（2）"跟着"孩子？

课文第5自然段的首句"牛郎跟着男孩赶回家"，有违生活真实。牛郎跟着男孩赶回家？男孩多大呢？"织女的男孩见那老太婆怒气冲冲地拉着织女走，就跑过来拉住织女的衣裳。王母娘娘狠狠一推，孩子倒在地上……"拽衣服，只能是小孩子的行为；他如果是大孩子，起码会抱住妈妈，甚至会拽住老太婆。牛郎回家后，"找出两个筐"，放上男孩和女孩，"挑起来就往外跑"。可见，男孩就是个很小的孩子。牛郎听到儿子报信，深爱的妻子被老太婆掳走，他心急如焚，还容得下自己

"跟着"儿子慢吞吞回家吗？跟在儿子后面回家，还能称得上"赶"吗？显然有违常理常情。真实的场景可想而知："牛郎拽起男孩就往家赶……"例文中的"跟着"，义为"在后面紧接着向同一方向移动（行动）"。什么情况下，成人会跟着一个稚嫩的孩子呢？除非这个成人是盲人，抑或这个成人要去一个需要孩子指引的地方。事实上，牛郎既非盲人，也不会对自己的家不熟悉。因此，通常大人不会跟着未成年的孩子，牛郎更不会"跟着男孩赶回家"，可将其改为"牛郎拽起男孩就往家赶……"。

第四单元

12　古诗三首

示儿

　　《示儿》，七绝。作者陆游（1125—1210），越州山阴（今浙江绍兴）人，字务观，号放翁，南宋文学家、史学家、爱国诗人。他一生笔耕不辍，自言"六十年间万首诗"。其诗语言平易晓畅，"清空一气，明白如话"，章法既整饬谨严，又不雕章琢句；格调兼具李白的雄奇奔放与杜甫的沉郁悲凉，尤以爱国情炽深远影响后世。他的词与散文成就亦高，宋人刘克庄谓其词"激昂慷慨者，稼轩不能过"。他手定《剑南诗稿》85卷，另有《渭南文集》50卷、《老学庵笔记》10卷。他旁及史学，自纂《南唐书》。《示儿》系陆游临终前所作。二十世纪八十年代初，它进入初等教育语文教科书。

　　（1）代入情感

　　古诗教学要力戒肤浅，必须强化作品背景介绍，通过把学生带入相应的时空，进而生成必要的情感。[①]学生只有在思想上、情感上与作者同频共振，才能在文思上产生共鸣——深入文本之中，披文得意。一个人之将死者，何以还要"但悲"，还要"王师北定"呢？交代清楚作者的背景，能够把学生引至庄严的场景，消除"看客"的疑问与轻薄。陆游幼小时，即目睹父辈忧愤国事、议论时政"裂眦嚼齿""悲愤出涕"的情形，内心逐渐生长坚定的爱国情感与对奸臣贼子的刻骨仇恨。十二世纪初，金国建立。陆游出生第二年，金国占领宋朝京城开封；第三年，掳走宋徽宗、钦宗二帝，北宋亡。钦宗之弟赵构南逃，在临安（1129年升杭州为临安府，即今浙江杭州）建立政权，但他非但不卧薪尝胆，矢志复国，反而任命臭名昭著的投降派秦桧为宰相，屈膝俯首。1142年，南宋与金签订"绍兴和议"，赵构对金国皇帝自称臣子，南宋向金年献银、绢分别为25万两、25万匹，并约定划淮水（即淮河）而治。从此，北方的大好河山沦为金国领土，北方人民深陷金人奴役之中。南宋小朝廷偏安一隅，苟延而续，后相继有宋孝宗"隆兴和议"、宋宁宗"开禧和议"。陆游经历北宋末年和南宋前半期，国家分裂的灾难是镌刻其一生的心中之痛。他无论是在南宋朝廷、地方为官，还是在川、陕从军，甚至晚年闲居绍兴乡里，爱国复仇、驱敌复国的愿望都未曾消弭，驱除胡虏之志历

---

① 张玉芳. 浅析如何提升小学古诗文教学效能——以统编教材五年级上册《示儿》为例［J］. 语文建设，2021（10）：66.

久而弥坚，及至生命的尽头都没有减退。正因此，才有临终诗《示儿》。

（2）诗文今译

原文：

示 儿

死去元知万事空，但悲不见九州同。

王师北定中原日，家祭无忘告乃翁。

译文：

① 解释性译文

给儿子的诗

我就要死去。早知道该万事皆空，一了百了，但因为不能目睹国家统一，我悲愤难平。待到朝廷的军队北上剿灭侵占中原的贼寇，家族祭奠祖先时，千万别忘了告诉我——你们的父亲。

说明："死去元知万事空"，即"元知死去万事空"，用今天的话讲，就是"原来就知道人死了什么都结束了"。作者所以把"死去"前移，是为了强化庄严肃穆的氛围，并与后句"但悲"相对应，形成强烈反差，产生情感落差与冲击。另外，还可能有平仄声的因素考量。"北定"，北上平定，北方平定。据考证，该诗原版应该更直接，很可能是

"克复"①，攻克，恢复。"家祭"，家族祭奠。汉民族祭祖，一般都是以家族为单位，何况陆游的儿子很多，所以，"家祭"是家族祭奠。

②译诗

致儿诗

我早知，人死万事皆空无，

山河仍破碎，心悲恸，难瞑目。

我还等，王师雄起收中原，

家祭本肃穆，国捷报，定告父。

说明：讲解古诗词，停留在"解释性译文"是远远不够的。诗之大意只是字面之意，而真意却是言内、言外之意，即情感意蕴所在。陆游的那种遗恨与期盼、那份坚定与拳拳爱国之心，要通过今诗仿写、赏析等过程传达给学生，他们也因此而身临其境、感同身受，心中起波澜、课堂有兴味。我们在译诗中，遵照原诗，表达两层意思："我早知"与"我还等"。"我早知"：作者早知道人死一了百了，但他死不瞑目，因为没有见到国家统一。"我还等"，没有用"我仍信""我坚信"之类，一是因为原诗的"坚信"意味并不明显，二是因为历史发展并未如作者所愿，非但最终南宋未能统一九州，反而在六十余年后被北方的元王朝所灭，由元重新统一九州。"我

---

① 吴华峰. 陆游《示儿》诗琐议——中国古代诗歌教学思考一得 [J]. 伊犁师范学院学报（社会科学版），2020（03）：40.

还等"就是作者的遗愿，还是期待南宋王朝能够重新振作起来，挥师收复中原。果真如"我"所愿，一定要借庄严肃穆的家族祭祖之机，把那消息告诉"我"，以告慰"我"在天之灵。译诗，虽是现代诗，但也用了韵"无""目""父"。用现代诗译古诗，能直接促进深化理解原诗，还能锻炼学生的现代诗创作能力。

（3）品味赏析

全诗不落俗套，不假雕饰，无凄惨感伤，不故作放达，语言平淡朴实，直抒胸臆，深沉忧愤之气溢人，既有"万事空"的慨叹、九州未"同"的悲凉，又有"北定中原"的祈望、"家祭无忘"的嘱托。"家祭无忘"，为何不用"时刻无忘"呢？作者是要借助"家祭"这一家族缅怀先人最为隆重的时机，凸显"王师北定中原"至高无上的夙愿分量，也是为了告诫子孙要对国家忠贞不渝。这爱国的亘古绝唱，感染了无数的志士仁人为国家统一前赴后继。陆游在万事都放得下的时刻，却有一"同"，"但悲不见九州同"放不下，却有一日，"北定中原日"还去等。他要儿子"无忘"，无非是自己念念不忘。这是他"爱国热诚的理想化"[1]，是"国家之上"理念的生动体现。诗的后两句"王师北定中原日，家祭无忘告乃翁"，体现了作品的最大特点，寓壮怀于悲痛之

---

[1] 朱自清选集［M］.上海：开明书店，1951（135）.

中，基调上扬。

（4）疏解词语

▲死去元知万事空。

究其源头，"元""原"具有共同的引申义项"原来""本来"，所以"死去元知"即是"死去原知"。但它们不是彼此互通的通假关系，而是古今字关系，难说陆游是为了避免"原"的重复（"原知"与"中原"）而"通"了"元"。在明代以前，绝少用"原"来表示"原来""本来"，几乎是清一色的"元"。1368年初，明王朝在南京建都时，元王朝还没有彻底覆灭，是年秋，元大都（今北京）才被攻破，但元皇室退守漠北，史称"北元"。这个时候，书卷里如果还用"元"字，岂不是在怀念元朝！特别是"元来"，大有"呼元再来"的嫌疑，禁用"元"字就顺理成章了。就《示儿》而言，明朝甚至出现过"死去原知万事空"的版本。[①]明初又盛行文字狱，"原"之大用特用就完全是应时而生，进而形成今天"元""原"的格局。

▲但悲不见九州同。

州，古代中国的行政区划。"九州"即古代中国的代称。

---

① 徐树丕.徐树丕诗话［M］//明诗话全编.南京：江苏古籍出版社，1997（9501）.

在不同的典籍中，对"九州"有不同的划分、称呼。据《尚书·禹贡》，"九州"分别是：冀州、兖州、青州、徐州、扬州、荆州、豫州、梁州、雍州；《尔雅》以幽州与营州，取代青州和梁州；《周礼》以幽州与并州，取代徐州和梁州。在我国古典诗词中，"九州"的具体名称频繁出现。

有意思的是，二十世纪五六十年代，在我国的主流话语中一度流行以"五洲"代指世界，只不过此"洲"非彼"州"，此洲是地球上一块大陆与附近岛屿的总称，多有大洋隔开，故多了"氵"旁。"五洲"，指亚洲、非洲、美洲、欧洲、大洋洲。更有意思的是，1958年12月毛泽东作诗一首仿《示儿》，国际题材，里面就有"五洲"，即《试仿陆放翁〈示儿〉》："人类今闻上太空，但悲不见五洲同。愚公尽扫餐蚊日，公祭无忘告马翁。"①

题临安邸

《题临安邸》，七绝。作者林升，今浙江省苍南县人，南宋士人，号平山居士。金人攻陷北宋首都开封后，赵构迁都临安，史称南宋。南宋小朝廷只求苟且，对外屈膝投降，对内残酷迫害岳飞等爱国将领，达官显贵纵情声色，寻欢作乐。《题临安邸》针对此麻木、迷惘的现实，倾吐义愤，表达对国家命

---

① 黄子云. 为国为民求大同——毛泽东周恩来与陆游的《示儿》诗［J］. 文史春秋，2000（02）：5.

运的深切忧虑。特别可贵的是，作者大约生活在南宋绍兴至淳熙之间（1131—1189），那时南宋王朝（1127—1279）尚处早期、前期，他就预见到了国家（南宋）潜伏的巨大危机。二十世纪七十年代末，《题临安邸》进入初等教育语文教科书。

（1）诗文今译

原文：

题临安邸

山外青山楼外楼，西湖歌舞几时休？

暖风熏得游人醉，直把杭州作汴州。

译文：

① 解释性译文

题写在杭州旅店墙壁

青翠的群山重峦叠嶂，里面满是达官显贵的琼楼玉宇。西湖边上歌舞升平，何时才能有所消停？统治者与达官显贵们迷醉、迷失在美好的景色之中，把破国之耻、失国之恨抛到九霄云外，完全忘了都城应该在汴州而不是杭州。

说明：首都开封（隋唐时称汴州）沦陷、北宋灭亡之后，宋室苟安"行在"杭州，屈膝投降，对侵占了大好河山的金国俯首称臣，风花雪月，歌台舞榭，不思抵御外侮，复国图存。诗中的"山"，是层峦叠翠的山；楼是琼楼玉宇、华府深宅，不是普通小楼；"歌舞"，指轻歌曼舞，"西湖歌舞几时休"是以诗人为代表的南宋爱国、正直人士对昏聩反动权贵的责难；"暖风"，有"吹面不寒杨柳风"，二三月自然之风的意思，但主要是令人萎靡的颓废之风、享乐之风；"醉"，是纸醉金迷之醉，醉生梦死之"醉"；"直"，直接、径直、简直，"直把杭州作汴州"，隐含有这样下去南宋会重现"靖康之耻"、杭州会落得与汴州同样下场的警示。

②译诗

写在杭州旅店

琼楼，山峦翠霭中鳞次，

歌舞，西湖碧波上栖息？

显贵，奢靡浮华里沉醉，

声色，杭汴两州间笔直。

说明：全诗今译同样是四句，我们也用了韵，当然是变化了的，分别是"次""息""醉""直"，并把每句的重点置于句首，分别是"琼楼""歌舞""显贵""声色"。译诗第一句把"琼楼"置于句首，并用鳞次栉比的节缩词"鳞次"形容楼多。第二句把"歌舞"置于句首，表示歌舞升平，并用"栖息"形容歌舞驻留不息。第三句把"显贵"置于句首，代表统治者，"奢靡浮华"表示"暖风"，"沉醉"形容迷失。第四句把"声色"置于句首，既延续上句主旨，又揭示把杭州当作汴州的根本原因与表现形式。"笔直"形容杭州南宋统治者的纵情声色，一如当年汴州的北宋统治者，最终下场估计也差不多。特别是，一二两句与三四两句的首尾词，分别构成完整的诗歌意象与上下文逻辑联系，"琼楼歌舞""显贵声色"与"鳞次歌舞""沉醉声色"，使全诗内容紧凑，一气呵成。

（2）品味赏析

首句借景起兴，由山峦景写到楼阁景，喻指南宋统治者耽于杭州美景与物质享受。次句写西湖歌舞的无休止，进一步暴露其沉迷于声色的严重程度。一二两句，诗人从写实出发，抓住两个最具代表性的形象——华丽楼台和靡丽歌舞，延至其空间上的无限量与时间上的无休止，表现南宋当权者的骄奢无度，最后落脚于"虚"的思想情感的表达——内心的不满与愤慨。第三句，"暖风"消解人们的精气神，昏昏欲睡。"暖风熏"好比温水煮青蛙，令南宋的统治者、宋政权的流亡者们乐不思"汴"，忘记了光复国土的使命。好一个"熏"字，上承"歌舞几时休"，下启"游人醉"，刻画出长时间苟安天堂杭州的深重危害。第四句，揭示"暖风熏"与耽于声色的结果，罔顾国土沦陷、国家分裂的事实，苟安偷生，一味陶醉在当朝偏安的满足之中。变写景为议论，由享乐而祸国，笔调陡转，一针见血，振聋发聩，忧愤之情溢于言表。

（3）疏解词语

▲暖风熏得游人醉。

"游人"，主要指"显贵"，代表南宋的权贵、统治者，应当还包括文人士大夫。因为宋朝自宋徽宗起就崇尚享受生活，整个社会都在征歌逐酒，浅斟低唱，风雅之士成为社会楷模，统治者的贪图淫逸与士子们的逐欢炫技交互作用，使社会弥漫靡柔之风。有一种看法，挺有意思，似乎很精辟，但我们觉得牵强，即把"游人"单纯当"旅客"①，当作北宋政权的流亡者，并与"临安邸"相照应，认为他们"反认他乡是故乡"，错把"旅馆"临安（杭州）当成了昔日的都城汴州。

▲直把杭州作汴州。

"直"，有一个并不多见的副词义项，义为"简直"。"暖风熏得游人醉，直把杭州作汴州"，"醉"成什么样子呢？简直把杭州当作汴州了，继续纵情享乐。诗人的言外之意是：怎么不想想如何失去汴州、到了杭州？！怎么不想想如何打回汴州呢？！长此以往，怎么得了！

己亥杂诗

《己亥杂诗》，七绝。作者龚自珍（1792—1841），浙江

---

① 刘彻. 林升《题临安邸》赏析［J］. 语文知识，2004（06）：19.

杭州人，号定庵，清朝思想家、诗人、文学家和改良主义先驱。他曾任内阁中书、宗人府主事和礼部主事等职，主张革除弊政，抵制外国侵略，支持林则徐禁除鸦片。1839年6月，龚自珍因故紧急离京，辞官南归。他在百感交集之中写下一系列激扬、深情的忧国恤民诗文，咏怀讽喻，即著名的《己亥杂诗》，共315首。1841年春，龚自珍执教于江苏丹阳云阳书院。3月，因其父去世，他又兼任杭州紫阳书院讲席。不幸的是，同年9月暴卒于丹阳。

龚自珍的诗以七言绝句为大宗，抒情，议论，几无具体事实，但把现实现象上升至社会历史的高度，表明态度和愿望，具有深刻的思想性和独特的艺术性，别开生面。梁启超赞曰："晚清思想之解放，自珍确与有功焉。"柳亚子誉之为"三百年来第一流"。龚自珍亦是古文大家，散文与诗歌的主要精神一致，表现或直率，或奇诡，骈偶，铺陈，语言瑰丽古奥。他的诗文，主张"更法""改图"，揭露清统治者的腐朽，洋溢爱国热情，"自黄遵宪和柳亚子而下，龚自珍对清末至民国初年的中国诗坛所达到的影响是非常之大的"[①]。龚自珍著有《定盦文集》，留存文章300余篇，诗词近800首，今人辑为《龚自珍全集》。课文系《己亥杂诗》的第125首，早在二十世纪七十年代即进入中学语文教科书。

---

① ［日］竹村则行著. 李惠然，朱则杰译.《己亥杂诗》中出现的龚自珍的"落花"意识［J］. 苏州大学学报（哲学社会科学版），1986（04）：56.

（1）检视诗题

把这首诗标题为《己亥杂诗》，尽管附注"……选的是其中一首"，我们认为还是不够的。龚自珍批判现实社会，人才困厄是一个焦点。以《己亥杂诗》为题，统领"九州生气恃风雷，万马齐喑究可哀。我劝天公重抖擞，不拘一格降人材"，不恰当，题目与诗文似乎有点风马牛不相及。《己亥杂诗》三百多首，大概是龚自珍存诗的二分之一，应当考虑给课文直接注明目次。确实，这篇《己亥杂诗》课文有"其二二〇"与"其一二五"的分歧，但既然《中国文学史》（高等教育出版社）等权威专业著作注明其为"《己亥杂诗》一二五首"，为什么不可以采信呢？[①]鉴于统编七年级语文教材下册中的另一首《己亥杂诗》（"……化作春泥更护花"），明确标题为"《己亥杂诗》（其五）"，建议将这首诗也明确标题——"《己亥杂诗》（其一二五）"。

道光十九年（1839），大清江山虽然表面依然光鲜，但内里已衰腐不堪，一触即溃，鸦片战争即将爆发，近代中国行将向下急剧沉沦。深受今文经学大师刘逢禄影响、致力经世致用的龚自珍对时势有所洞察，加之在京城官场浸淫一二十年空有高论、并无高就，眼看天命之年不远，他决意辞官返回故里。是年春，他先独自南归，落实安家之所，后

---

① 杜永道，杨言峰. 关于《己亥杂诗》的几点疑问［J］. 小学语文教师，2018（7-8）：144.

再返京城接回家眷。他满腹经纶，壮志未酬，在这往返的寂寥途中，当然要予以排解，把亲历见闻、心绪思想见诸文字。是年四月二十三日（农历），他始离京，"忽破诗戒，每作诗一首……投一破簏中……至腊月二十六抵海西别墅（羽琌山馆）……盖作诗三百十五首也"。翌年，他在《与吴虹生书（十二）》中说"刻无抄胥，然必欲抄一全分寄君读之"。他在抄写的过程中，因诗作于己亥年（道光十九年），而将整组诗冠名《己亥杂诗》；因重新分门别类，故排序总体非按原作的时间顺序。当然，后世以书籍面目问世的《己亥杂诗》，是否就是作者当初的排序，另当别论。《己亥杂诗》是中国诗史罕有的大型组诗，以鲜明的艺术个性与深刻的思想内涵，呈现中国历史发展一段生动的横截面。它清一色的七绝，针砭时事，在现实困惑与鼓荡诗心的碰撞中或直寻、或曲笔的精神，凝聚了中国社会由古代向近代变革嬗变的史思。

（2）诗文今译

原文：

己亥杂诗

九州生气恃风雷，万马齐喑究可哀。

我劝天公重抖擞，不拘一格降人材。

译文：

① 解释性译文

己亥年杂诗（第一二五首）

　　神州大地有风雷才有生气。一个国家人人噤若寒蝉，死水一潭，容不得不同的意见，毕竟不是好事，可能一时半会看不出来，但很危险，终究会是令人悲哀的事情。因此，我要奉劝圣明的大清朝廷振作精神，重新焕发锐气，广开言路，除旧布新，革故鼎新，破除论资排辈、求全责备等一切不合理的清规戒律、陈腐观念，让全社会的人才大量涌现。

　　说明："九州"，神州大地，大自然。"生气"，生命的气息，生机。"恃"，依赖，倚仗。"风雷"，风雨雷电，代表自然界所有不和谐的现象。"九州生气恃风雷"，不是说神州大地的生机就在"风雷"，而是说神州大地的生机离不开"风雷"，没有风雨雷电的惊扰，哪有万物的生长与风和日丽的快意呢！但刘逸生先生将首句注解成"如今整个中国都需要有生气，而生气则要通过大风大雷才能显示出来"，我们认为值得怀疑——谅必龚自珍不大会有如此胆量、如此莽撞，去直白、尖锐地非议清廷。① "万马齐喑"，所有的马都沉寂无声，比喻人人缄默不语，不发表意见。"究"，终究，到底。"天公"，自然界的主宰者，这里指皇天、大清

---

① 刘逸生. 龚自珍己亥杂诗注［M］. 北京：中华书局，2021（177）.

朝廷。"我劝天公",反映了作者改良主义的思想本质,把希望寄托在君主身上。"不拘一格",不局限于某一种标准或方式,即打破条条框框。"降",降生。"人材",即人才,在《现代汉语词典》中已无"人材"词条。过去,确实是"人才""人材"并用,教材使用"人材"应该是出于照顾原作的考量。

②译诗

己亥年感怀(其一二五)

神州啊,风雷滚滚是律动,

众缄默,竞唯诺,终究社会僵——

悲恸。

大清啊,精神奕奕在鼎新,

破禁锢,除藩篱,到底人才壮——

浪涌。

说明:原诗用韵"雷""哀""材",译诗也用韵,但不同原韵,而是"动""恸""涌"。现代诗,不排斥用韵,但无平仄讲究,且格式更为活泼自由。"大清",即大清朝廷。"风雷滚滚""精神奕奕"分别表示"风雷""抖擞"的状态与特征。"壮",茁壮,壮大。

(3)品味赏析

迥异于"借景抒怀""触景生情"的山水诗、边塞诗等常见诗体,这是一首"因议感怀""创景抒情"的劝谏性政治诗。它总体含蓄有度，不失乐观，尽管国家病入膏肓，山雨欲来，但诗人没能看得清楚，还是游离在核心问题的边缘，紧急事态的缓释地带，从人才切入。四句诗，表达两层意思，即万马齐喑的社会危险与不拘一格的人才出路；格调舒缓，没有颓波难挽的忧心如焚，充其量是呼吁改革封建官僚制度，对朝廷抱有很大幻想，似乎在"天公""不拘一格降人材"之中还可能会"天降大任"于自己。该诗实质并无对"风雷"的强烈诉求，后两句就是有力的佐证。诗的解读，一定要注意前后句的连读、串解乃至整首诗语意、情感上的耦合。这首诗与《己亥杂诗》中的多数作品一起，给后代的思想家、政治家们以极大启迪。毛泽东曾三次化用、引用这首诗，反映了共产党人深刻的历史自觉。①

---

① 董晓彤. 毛泽东三用《己亥杂诗·九州生气恃风雷》[J]. 党的文献，2018（05）：116-119.

13　少年中国说（节选）

　　《少年中国说》（节选），论说文，选自《饮冰室合集·文集之五》中的同名文章。作者梁启超（1873—1929），广东省新会县（今广东省江门市新会区）人，号任公、饮冰室主人等，清朝光绪年间举人，百日维新领袖之一，我国近代思想家、政治家、教育家、史学家、文学家，也是新法家代表人物。他师从康有为，是资产阶级改良派的宣传家，积极参与"公车上书"运动，领导北京、上海的强学会，与黄遵宪一起创办《时务报》，任长沙时务学堂的主讲。他先后在袁世凯政府、段祺瑞政府担任司法总长、财政总长等职务，因袁称帝而与其决裂，并全力"倒袁"，随段政府垮台而辞职，并从此结束从政生涯，转而投身文化教育和学术研究。

　　梁启超是我国近代文学革命运动的理论倡导者，鼓动"诗界革命"和"小说革命"。他的文章介于文言文与白话文之间，自二十世纪初以来影响甚巨，以"策士文学"风格的"新文体"著称于世，士子、百姓都喜欢，"……才使得国民阅读的程度一日千里"。光绪三十一年（1905），他的《俄罗斯革命之影响》以简短急促的文字开篇，如山石崩裂。课文《少年中国说（节选）》，风格亦如此。梁启超是我国历史上一位百科全书式的人物，不仅是第一个使用"中华民族"一词的人，是最早从日文汉字中吸收"经济""组织""干部"等诸多新词的人，而且在政治、法律、历史、文学等广泛领域都有精深的研究，著作等身。《饮冰室合集》，包括《变法通议》《屈原研究》《李鸿章传》《王安石传》等等，计148卷，1000余万字。二十世纪八十年代初，《少年中国说（节选）》进入中学语文教科书。

（1）文体辨析

① 散文。从历史上散文、韵文二分法的视角看，课文是散文。这里的"散文"，与时下的散文概念并不一致。课文近190字，是原作节选，不及原文6%。原文载于1900年1月10日第35册《清议报》，属典型"报章文学"，且为"新体古文的一个变种"。全文对仗工整，排比叠进，感情的奔涌犹如长江三峡之水，一泻千里，感人奋进。① 它的文体究竟是什么呢？"报章文学"，不是文体。"散文"，又与学生对此文的认知不相吻合。在他们看来，散文是文学体裁之一，与诗歌、小说、戏剧并列。《少年中国说》本质上是析理的

---

① 马少华. 梁启超《少年中国说》中的修辞与学理［J］. 国际新闻界，2014（03）：110.

或者说是宣传性的，而非抒情的。如此，又何以称之为"散文"？根本原因在于散文概念的流变，彼"散文"非此"散文"。在历史上，原初的"散文"概念，与"韵文"相对，包容性极强。不管何种文章，都被纳入韵文和散文的体裁框架，非此即彼。先秦诸子笔下的辩论性檄文即散文。西汉之后，一直到唐宋，散文中的论辩体显著发展，虽不及先秦散文生动活泼，但或状物，或记叙，或抒情，或设喻取类等，多种文学表现手法运用自如。近代，以谭嗣同、梁启超等为代表的维新派讲富强、谈时务的文章呈现新的气象。它沿袭论辩体古遗风，平易畅达，不乏偶语韵语，纵笔恣肆，条理清晰，感情饱满，常发惊人之语。这些文章，虽已具备论说文诸多特点，但总体还是循着文学的轨道。[①]《少年中国说》就在此列，即使以今天的标准，认定其为散文也不无道理。韵文与散文二分法，消弭文章体裁与文学体裁的分野，韵文以诗为主。这大概就是"诗文"的含义，诗是诗，文是文。"我们所处的这个时代将中国传统的'文'称为'散文'。"[②]因此，认为《少年中国说》是散文并无不可。我们也可以换个说法，《少年中国说》（节选）近乎中国古典散文。其实，避开拘泥于概念的历史考察，不妨从文采与语言

---

① 唐树芝. 论说文文学色彩略谈［J］. 湖南师范大学学报（哲学社会科学版），1985（01）：99.

② 渠晓云. 中国古代散文概念的变迁及散文范畴的界定［J］. 上海大学学报（社会科学版），2006（04）：117，115.

风格来分析，将其界定为散文；从文章的意旨与写作功用来分析，将其界定为论说文。

② 论说文。从当今文体分类与文题角度看，课文是论说文。根据当今的文体理论，文体分为文章体裁和文学体裁，二者均为四分法，前者包括记叙文、说明文、议论文、应用文。《少年中国说》，作者当然没有当作怡情的文学作品，而是当作严肃的政治议题去谋篇。因此，应从文章体裁而非文学体裁上对其进行判别。它不是记叙文、说明文、应用文，只能是议论文。准确地讲，《少年中国说》是一篇直接批驳"老大中国"、宣示"少年中国"的论说文。论说文有社论、宣言、声明、报告、演讲、评论、杂感等。《少年中国说》位于《清议报》开篇，近乎社论与评论。而且，根据《清议报》的名称，我们首先想到的就是议论文。"清议"，古时指乡里或文人对官吏的批评和评价，后来发展为文人对政治和权贵的评论和批判，东汉时达到高峰。"清议"，是士大夫对世事的"热心关注"。①用今天的话语，则是文人政治，是针砭时弊。特别是，溯源我国议论文发展，很早就有以"论"名篇的文章，如汉贾谊的《过秦论》、宋苏洵的《六国论》等。继之兴起以"说"名篇的文章，如唐韩愈的《师说》、柳宗元的《捕蛇者说》、清刘开的《问说》等，"后来统称说理辨析类的文章为论说

---

① 赵志伟．"章句""章句之学"和"清议""清谈"［J］．中学语文教学，2019（11）：85．

文"①。《少年中国说》，显然可以归于此列。梁启超作为政论家，具有杰出的把理论观点转化为大众思想的能力。《少年中国说》，宣扬少年精神，热切寄望少年复兴国家。这是一篇主张变法的力作，外批日本人"老大"中国邪说②，内鼓国民改良中国斗志。内鼓国民斗志是批判"老大"中国说的利器，更是粉碎"老大"中国说的根本保证。课文正是《少年中国说》的结尾部分，是文章立意之宗所在。因此，我们认为，《少年中国说》（节选）是一篇立论文章，是给国人诵读、武装国人头脑的雄文。课文热情讴歌少年中国、满怀憧憬少年中国成为现实。③

（2）骈文色彩

课文有典型的骈文色彩。诚如古人所言："短句主劲拔，长句以气胜。"课文三个自然段，第一、三段均为长句，那是对国人与少年的嘉勉与劝慰。中间段是短句，情绪高亢，旨在鼓动与激励。"红日初升，其道大光。河出

① 刘华．议论文三要素与中国化的议论文写作体系的建构［J］．语文建设，2012（04）：12．

② 日本人的所谓"'老大'中国"，非尊称"'老大哥'中国"，而是蔑称"'迟暮'中国"。

③ 二十世纪二十年代，语文学界将文章分为普通文、艺术文两类，而在普通文中含"论辩文"、艺术文中含"论说（文）"，但其"论说（文）"只是指游记、传记、记序等。参见：周铭三，冯顺伯.中学国语教学法［A］．徐林祥．百年语文教育经典名著（第五卷）［C］．上海：上海教育出版社，2017（200，212）．

伏流，一泻汪洋。潜龙腾渊，鳞爪飞扬。乳虎啸谷，百兽震惶。鹰隼试翼，风尘吸张。奇花初胎，矞矞皇皇。干将发硎，有作其芒。天戴其苍，地履其黄。纵有千古，横有八荒。前途似海，来日方长"占全文篇幅近46%。这一段，为典型的四字骈偶，且含韵（ang）。梁启超自称，"幼年为文，学晚汉魏晋，颇尚矜炼"，可见其有深厚的骈体骈文功底。骈体，词句整齐对偶，声韵和谐，辞藻华丽，有别于"散体"①。"散文"术语始于宋代，至清代几可为"古文"的别称，曾是与骈体文相对的概念。但如果"散文"只是与"韵文"相对，且韵文只是指诗歌，那《少年中国说》（节选）当然还是散文。如果"散文"与"骈文"相对，《少年中国说》（节选）无疑是散骈相间的。章太炎认为骈文、散文各有体要与短长，"议论者，骈散各有所宜"②。仅就《少年中国说》节选部分的课文而言，梁启超可说是章太炎主张的忠实践行者。柳宗元说："骈四俪六，锦心绣口。"课文骈体部分的华彩，扑面而来。实际上，古代文体还有三分法，即散文、韵文与骈文。这同样是在文字组织形式或者说遣词造句风格意义上的划分，但形式是受制且服务于内容的，因此，其中的散文主要包括史传文、论说文、杂

---

① 中国社会科学院语言研究所词典编辑室编.现代汉语词典（第7版）［Z］.北京：商务印书馆，2018（998）.

② 章太炎.文学略说［A］.章太炎.国学演讲录［C］.上海：华东师范大学出版社，1995（244）.

记文和应用文四类。《少年中国说》（节选）虽说中间段是骈文，但总体上应是散文无疑，实际上是散文中的论说文。如果对照洋洋洒洒的《少年中国说》全文分析，就更为明显。

14 圆明园的毁灭

《圆明园的毁灭》，散文。作者王英琦（1954— ），女，安徽寿县人，1984年加入中国作家协会，曾任安徽省作家协会副主席。她的代表作品有：《守望灵魂》《求道者的悲歌》《我遗失了什么》《王英琦散文自选集》等。1987年，《我遗失了什么》获全国优秀散文奖。她主张散文打破传统单一的美文观，向人类文化的多极性、高阶美发展；注重散文作者人格的自我修炼和完善，倡导作家用整体人格与世界对话。

《圆明园的毁灭》，原题《不该遗忘的废墟》，1977年作，翌年发表于《北京文学》，结果真的如作者所期望的——"一篇呼唤国人民族意识觉醒为主题的散文"①，迅速掀起了改革开放时代的"圆明园热"。二十世纪九十年代中期，此文进入义务教育语文教科书。

---

① 王英琦 .《不该遗忘的废墟》写作前后［J］. 新闻爱好者，1991（05）：42 .

（1）铺垫与反衬

全文5个自然段，除了第1自然段指出毁灭圆明园两个"不可估量的损失"危害外，只有第5自然段较为具体地叙述毁灭圆明园的过程。从文字篇幅来看，第1、5自然段仅占全文的34%略多，而第2—4自然段则占全文的近66%。近乎三分之二的篇幅，都是在叙述圆明园的辉煌。如何看待这样一种重写辉煌、轻写毁灭的谋篇现象？绝大多数教师甚至学者，都认为是反衬的手法需要，我们则认为，首先是铺垫的常规定则，其次才是反衬的手法需要。叙述圆明园的毁灭，当然要先交代圆明园是什么——皇家园林的显赫地位[①]，这是第2自然段的内容；再交代圆明园有什么——占尽人间风景、梦境与中华瑰宝，这是第3、4自然段的内容；最后才是对毁灭的叙说。唯有交代清楚圆明园的高贵，才能表明圆明园毁灭的悲剧意义；唯有全面展示圆明园的辉煌，才能凸显圆明园毁灭的十恶不赦。文章第5自然段虽然篇幅不长，但有毁灭的时间（1860年10月6日，10月18日和19日，三天），有毁灭的罪魁祸首（英法联军，三千多名侵略者），有毁灭的方式（掠走，破坏，毁掉，销毁，化为一片灰烬），足以体现毁灭的概貌。而且，"毁灭"篇幅的短小，更能显示强盗的简单粗暴！这样的谋篇布局，也照应了文章的主旨，"勿忘国耻，复兴中华"。

---

① 美中不足的是，应该交代清楚圆明园的建设年代，以显示其深厚的历史底蕴。

（2）"玲珑剔透"辨

在课文第3自然段"圆明园中，有金碧辉煌的殿堂，也有玲珑剔透的亭台楼阁……"句中，所使用的"玲珑剔透"值得辨析。它是一个形容词性的成语，或形容器物精致奇巧，孔穴明晰，多指镂空工艺品；或形容人俊俏漂亮，聪明伶俐。如果说用"玲珑剔透"形容"亭台"还可以将就，那用其去形容"楼阁"则是断然不可的。也就是说，将形容器物或人的"玲珑剔透"用于建筑物，很不恰当。例文中的"玲珑剔透"应当修改，可以改为"巧夺天工""画梁雕栋""飞檐斗拱"，或"美轮美奂""端庄雅气""俊俏典雅"之类的成语，以与"亭台楼阁"相匹配。

（3）润色文章

文章不厌百回改。大凡文章，往往存在巨大的润色空间，譬如课文第3自然段中的一段叙述："园中许多景物都是仿照各地名胜建造的，如海宁的安澜园、苏州的狮子林、杭州西湖的平湖秋月；还有很多景物是根据古代文人的诗情画意建造的，如蓬岛瑶台、武陵春色。"例文在三个方面可以通过润色而提高、完善。第一，从语气连贯的角度，例文的句式可以进一步优化为"园中许多景物是……还有许多景物是……"。显然，第一个子句中的"都"完全可以删除，第三个子句中的"很多"应该改为"许多"。第二，既然"海宁的安澜园"没有用

"海宁盐官镇的安澜园"，那"杭州西湖的平湖秋月"就无须加"西湖的"三字，何况"平湖秋月"当然与西湖连在一起，"苏州的狮子林"也没有表述为"苏州姑苏区的狮子林"。第三，例文由两个并列分句构成，既然前面一个分句"仿照各地名胜"，点明了"各地"（海宁、苏州与杭州），那后面一个分句"根据古代文人"，也就应该点明具体"文人"。"蓬岛瑶台"与"武陵春色"同属圆明园四十景，前者根据五代画家李昇的《仙山楼阁图》设计建造，后者摹写晋代诗人陶渊明《桃花源记》的艺术意境。①因此，例文的最后子句，可改为"如反映晋代陶渊明诗情的武陵春色，表现五代李昇画意的蓬岛瑶台"，不仅点明人，而且"诗情画意"与景物名称的顺序一致。综上，例文可改为："园中许多景物是仿照各地名胜建造的，如海宁的安澜园、苏州的狮子林、杭州的平湖秋月；还有许多景物是根据古代文人的诗情画意建造的，如反映晋代陶渊明诗情的武陵春色，表现五代李昇画意的蓬岛瑶台。"如此，深度掘进了语文的工具性与人文性。

---

① 《仙山楼阁图》，过去多谓李昇之父、唐代画家李思训所作。李昇的代表作，亦有《桃源洞图》《武陵溪图》，故"蓬岛瑶台"与"武陵春色"也有可能都取自李昇的画意。参见：康耀仁. 李昇《仙山楼阁图》考——兼论金碧山水的传承脉络及风格特征［J］. 中国美术，2016（01）：86-96.

（4）"文化"与"文明"

课文第1自然段的叙述——"圆明园的毁灭是中国文化史上不可估量的损失，也是世界文化史上不可估量的损失"，是将西方列强毁灭圆明园的危害，放在文化史上来观照。从课文下文来看，"圆明园的毁灭"仅仅突出了对文化瑰宝的毁灭与掠夺，包括对圆明园"宏伟"建筑、仿佛"幻想的境界"暴戾恣睢的破坏和对无以计数"奇珍异宝"的劫掠，聚焦的是对中国有形的物质文化财富的巨大冲击。显然，这是流于肤浅而不够深刻的。"圆明园的毁灭"是近代中国在帝国主义铁蹄践踏下，向下沉沦，走向积贫积弱的半封建半殖民地社会的一个重要的标志性事件，不应该停留在表面去认识。即便课文叙述的是毁灭圆明园的具体状况，对这一危害的定性，也应该透过现象看本质，而非就事论事。文化是文明的外在表现，文明是文化的内在价值。文化是多元的，具有民族、区域性；文明是一元的，具有人文、普世性。文化是人类生活状态的描摹，文明是人类求真、趋善、向美的张扬。^①"文明"具有显著先进的价值属性，无论是讲世界"四大文明古国"，还是讲我国"两个一百年"奋斗目标——建成富强民主文明和谐美丽的社会主义现代化强国，都是很好的证明。"圆明园的毁灭"，表面看是文化产品的损失，实质是文明成就的辱没；表面看是文化史

---

① 陈炎．"文明"与"文化"［J］．学术月刊，2002（02）：69-70．

上的耻辱，实质是文明史上的疮疤；表面看是文化史上的浩劫，实质是民族史上的屈辱。圆明园毁灭的象征意义，折射到人类文明史、中华民族史是恰如其分的。回到语文的人文性，课文第1自然段的现有表述是低企的，故不妨将其修改为："圆明园的毁灭是中华民族史上的巨大耻辱，也是世界文明史上的巨大耻辱；是中国文化史上不可估量的损失，也是世界文化史上不可估量的损失！"另外，为了首尾照应，彰显文章的思想性，建议在末尾增加一句"中华民族的心灵也被烙下永远的伤痛"。

附：

"文化"与"文明"的比较

概念	文 化	文 明
中文辞源	文治教化。〔汉〕刘向《说苑·指武》："凡武之兴，为不服也，文化不改，然后加诛。"	文采光明，文德辉煌。《周易·大有》："其德刚健而文明，应乎天而时行，是以元亨。"《尚书·舜典》"浚哲文明，温恭永塞。"
英文词根	cult，耕作，对应农耕社会与石器时代。	civ、cit的变体，市民，对应城市、工商业与青铜时代。
词性	名词，中性。	名词，褒义。
可触摸性	高	低
相互关系	文化是文明发展的根脉，孕育人类文明的有机养分。	文明是文化发展的果实，昭示先进文化的前进方向。
指向性	多元，呈现民族、区域个性；小众化。它是生活，源自感性与激情，反映人类存在的自发、自在状态，真实是其灵魂。	一元，呈现普世共性；大众化。它升华生活，源自理性与沉思，反映人类存在的自觉、自为状态，美好是其灵魂。
影响力	显性，强烈，可逆。有优劣、正负向之分，故而不可言"文化崇拜"。非目标取向。	隐性，舒缓，不可逆。无低劣之说，故而言"崇尚文明"。目标取向。
独特性	考古学术语，名词，同一历史时期、不依分布地点为转移的同类遗迹、遗物综合体，如"仰韶文化""哈苏那文化"等；等同"知识""教育"。	旧时特指，形容词，"西方现代色彩的"，如"文明棍""文明戏"等；等同"礼数""教养"。

15　小　岛

　　《小岛》，原名《礁盘》，短篇小说。作者陆颖墨（1963—），江苏常州人，著名军旅作家。自1987年起，他发表作品百余万字。1991年，加入中国作家协会。1997年，适逢建军七十周年，《小岛》在《解放军文艺》首次发表，后迅速在《新华文摘》《小说月报》《青年文摘》等知名刊物转载。原作第一句，就是"小岛其实是在礁盘上"。[①]2019年，《小岛》开始进入统编小学语文教科书。

（1）"竟"显精神

　　"竟"是《小岛》的课眼。小说以或明或暗的"竟"，穿越岛上士兵日常且碎片化的生活，构建其扎根边陲、热爱家乡、心系祖国的美丽心灵世界和风骨精神图景。作品语言简洁而蕴藉，笔法细腻而灵动，以一种别样的诗意，表达军人精神

---

　　① 教材作家陆颖墨和他的《小岛》——访谈——中国作家网［EB/OL］.［2022-02-25］.

世界的胜境。①课文有两处明"竟"：第一处是第3自然段，"……竟露出一片绿油油的菜地"；第二处是第29自然段，"……那绿油油的一片，竟构成了一幅中国地图"。前者，表现了中国军人的顽强品质，在艰苦恶劣的环境下努力改善物质生活，在高温高盐、无土壤无养分的荒礁上成功种植蔬菜。后者，表现了中国军人的高尚情趣，在远离家乡、远离祖国的天涯海角积极寻求精神安定，在有限的菜地里竟然一省份一家乡地规划，"长"出一幅中国地图。《小岛》构思精巧，绝无荒诞，充满"意料之外，情理之中"。除了两处明"竟"之外，很多地方隐含了"竟"的波澜。譬如，"菜的种类（竟）还挺多"（第8自然段），"那（竟）是一盘小白菜"（第19自然段），"（竟）把手中的菜倒进汤里"（第34自然段），"战士们（竟）自觉地围了过来"（第35自然段），等等。这些意料之外的情节，实际反映的分别是：战士对美好生活的追求，士兵对将军的敬重，将军对战士的爱护，将士的心心相印。完全情理之中的跌宕，尽显当代中国军人的精神丰满。

（2）诗意抒写

《小岛》在开头、中间和结尾段，有非常诗意化的描写，稍加变换，就是现代诗。现代诗的重要特点是分行，分行产生诗

---

① 李向阳. 挺进深蓝的诗意书写［J］. 长江文艺，2021（07）.

的视觉冲击与节奏。结合课文，我们可以把散文变成诗。①

① 开头段

原文：

　　无边无际的大海上，有一座小岛，远远望去，像一片云在天边浮着。这里树少，草少，土也很少，却驻扎着一群海军士兵。

诗化：

　　在无边无际的大海上

　　有一座小岛

　　远望，在天边

　　浮着，像一片云；

　　树少，草少，土也少，

　　但有人，

　　海军士兵，一群。

② 中间段

原文：

　　那一片油布已经翻开，露出了一大块菜地，那绿油油的一片，竟构成了一幅中国地图。

诗化：

　　一片已然掀开的油布，

　　① 温儒敏. 语文课改 守正创新［A］. 刘国正，曹明海. 名家论语文丛书［C］. 济南：山东教育出版社，2021（68）.

露出，一大块菜地，

一片绿油油的田畴，

竟成，一幅中国地图。

③ 结尾段

原文：

清晨，将军乘快艇离开了小岛。回望小岛，他看到那片绿色上面，一轮鲜红的太阳正在升起。

他向着太阳，向着那片绿色，也向着小岛，行了一个标准的军礼。

诗化：

清晨，将军离开，

回望小岛，绿色上面

一轮红日，在升起。

他

向着太阳，向着那绿色，

也向着小岛

行一个，标准的军礼。

我们也可以把现代诗平滑转换为散文，如戴望舒的《雨巷》（第一节）。

原诗：

撑着油纸伞，独自

彷徨在悠长悠长

又寂寥的雨巷，

我希望逢着

一个丁香一样的

结着愁怨的姑娘。

散文：

撑着油纸伞，独自彷徨在悠长（悠长）又寂寥的雨巷，我希望逢着一个丁香一样的结着愁怨的姑娘。

第五单元

16　太　阳

　　《太阳》，原题《太阳——光明和温暖的来源》，说明文，出自卞德培著《太阳的家庭》。①它系新中国成立初期"通俗科学小丛书"之一，是面向小学文化程度的工人、农民和儿童的科普读物。教材标注课文张姞民著，作者资料不详。二十世纪八十年代初，《太阳》即进入初等教育语文教科书。

　　说明方法

　　《太阳》是一篇普通说明文，或曰一般说明文、本色说明文。它作为说明文习作单元的首篇文章，在教学中应厘清说明方法，将单元教学目标"了解基本的说明方法"落到实处。课文围绕太阳特点、太阳与人类关系两个方面，力求"认真咬个实""说明白了"，故综合运用了多种说明方法。在说明太阳很远、很大、很热三大特点上，方法运用可谓淋漓尽致；在说明太阳与我们的密切关系上，采用了不完全举例归纳法。关

---

　　① 卞德培. 太阳的家庭［M］. 北京：通俗读物出版社，1956：1-4.

于"作假设"的说明方法，人民教育出版社《教师教学用书》将其归于"举例子"，很值得商榷。我们认为，对文中的三处重要假设，与其归于"举例子"，毋宁归于"打比方"。也就是说，"作假设"的说明方法，未尝不可归入"打比方"之中。人们常说，"打比方，打比方，打个比方而已，并不是真的"。文中的"作假设"，都不会真实发生，只是为了增强读者的切身感受、直观感觉。不过，对"作假设"也不能一概而论。与"到太阳上去，如果步行，日夜不停地走，差不多要走三千五百年"截然不同，"如果没有太阳，地球上就不会有植物，也不会有动物"，可以看作"举例子"，因为前者假设的是不可能存在的，或不可想象的状况（事物），后者假设的是可能存在的，或可以想象的状况（事物）。

附：

《太阳》说明方法运用一览表

对象	说明方法	语言表达	备　注
很远	列数字	离我们有一亿五千万千米远	
	作假设[①]/列数字	到太阳上去，如果步行，日夜不停地走，差不多要走三千五百年	如果……（就）要……，关联词语，表示假设
	作假设/列数字	就是坐飞机，也要飞二十几年	就是……也……，关联词语，表示让步假设
	打比方	因为太阳离地球太远了，所以看上去只有一个盘子那么大	因为……所以……，关联词语，表示因果关系

（续表）

对象	说明方法	语言表达	备　注
很大	作比较/列数字	一百三十万个地球的体积才能抵得上一个太阳	
很热	举例子	后羿射日	第1自然段中的"传说"
	列数字	表面温度有五千多摄氏度	
	打比方	是个大火球	
	作假设	就是钢铁碰到它，也会变成气体	就是……也……，关联词语，表示让步假设
和我们的关系密切	举例子	我们吃的粮食、蔬菜、水果、肉类，穿的棉、麻、毛、丝，都和太阳有密切的关系	我们吃、穿离不开太阳
		埋在地下的煤炭，其实离开太阳也不能形成……	用的煤炭离不开太阳
		地面上的水被太阳晒着的时候……变成云……就变成雨或雪……	自然界的云雨、风雪离不开太阳
		太阳晒着地面……空气有冷有热……成为风	
		太阳光……可以利用它来预防和治疗疾病	太阳光有益人类健康
	归纳	没有太阳，就没有我们这个美丽可爱的世界	"一句话"②

说明：①课文中的假设性说明，应视为独立的说明方法"作假设"。参见：方德佺.定位适切 知识精准——《太阳》教学问题诊断［J］.小学教学设计·语文，2017（1-2）：36-37.

　　②受作者所处时代的知识局限与文章篇幅的限制，运用举例的方法来说明太阳与我们的密切关系不可能完全，譬如，地下的石油也与太阳有关，太阳光还可以发电，等等。但这并不影响文章的完整成立，对某个道理的说明，可以通过不完全举例来归纳，得出结论。这个道理，我们在教学中应当告诉学生，从而使之掌握说明文写作的一个基本原理：不完全归纳说明。

17 松 鼠

　　《松鼠》，说明文。作者布封（Georges-Louis Leclercde Buffon，1707—1788），亦作布丰，十八世纪法国博物学家、作家，以关于自然史的著作闻名，并以"风格即人"的论断传世。布丰自幼接受良好教育，爱好自然科学，后攻读医学、植物学和数学，对文学、哲学亦用力甚深，先后成为英国皇家学会会员和法兰西学院院士。他历经数十年，撰著巨作《自然史》，惜有生之年未及全部完成。他在进行学术研究的同时，精心经营产业，有动物园、养鸟场和实验室。他还是现代地质学的先驱。1773年，他受封伯爵。四年后，法国政府在御花园建造一座他的铜像，底座上的铭文是"献给和大自然一样伟大的天才"。布丰是人文主义思想的传承者，常用人性化的笔触描摹动物。他的作品深受我国少年儿童欢迎，除了这篇《松鼠》，还有《马》见诸统编七年级语文第29课。早在二十世纪七十年代末，《松鼠》即进入我国初等教育语文教科书。

　　译者任典，原名范任（1906—1971），安徽桐城人，字希衡，我国著名翻译家。他率先将法国经典文学理论介绍到国内，并创造以十四言诗译诗的形式。他是北宋名臣范仲淹二十九世裔孙，自幼聪颖，才智过人，朱光潜谓之："无锡才子钱钟书，桐城才子范希衡。"五岁时，他一日骑父肩上，有人笑曰"子把父当马"，他应声而曰"父望子成龙"，从此以"神童"扬名。后来，他留学欧洲，获比利时鲁汶大学双博士学位，专攻拉丁语语言学等。回国后，他历任北京大学法文教授、闽苏皖政治学院教务长和中央大学教授等职。1945—1949年，他曾在安徽省政府任职。新中国成立后，范任先后在震旦大学、南京大学任教授，代表性译作有《格兰特船长的女儿》《忏悔录》等。他翻译的布封《动物素描》中的《马》《天鹅》《松鼠》《鹰》，三十多年来入选我国不同版本的中小学语文教科书。

（1）文学性说明文

《松鼠》，明显有别于《太阳》等说明文，字里有热度，行间有感情，因而学界纷纷冠之以"科学小品文""文艺性说明文"的文体名称。我们认为，就"科学小品文"与"文艺性说明文"两相比较，前者更为工稳，似乎也可名之"科普散文"。本单元的人文主题是"说明文以'说明白了'为成功"，如果要机械地与其挂钩，而非冠以"×××说明文"不可，那"文艺性说明文"如今并不恰当。"文艺"，是文学和艺术的总称，其中艺术，包括绘画、雕塑、建筑、音乐、舞蹈、戏剧、电影、曲艺等，《松鼠》中何谈绘画、雕塑等艺术。①它所具有的特色就是文学性，用形象生动的语言、拟人化的笔法，把松鼠说明得娇俏可人，趣味盎然。因此，与其命名"文艺性说明文"，毋宁用"文学性说明文"或"丽质说明文"，与之对应的是"一般说明文"或"本色说明文"，也不应该有什么"常识性说明文"。"文学性说明文"（丽质说明文），是富含文采、风格轻松活泼的说明文，具有应用文与文学作品的双重性，《松鼠》正是如此——把松鼠说得既明白又生动。它主要针对科学普及而非学术研究，服务社会大众而非专业人员，提升人文素养而非知识水准。

在法国启蒙运动的"光明世纪"，科学与人文如孪生兄弟，②许多作家致力于普及科学知识，布封也是那一时代的佼佼者。1753年，他加入法兰西学院时，发表著名演说《论风格》，提出"风格即人"的著名论断：一个作家必须将自己的思想载入不朽的文字，以垂于久远；思想是公物，而文笔（即风格）则属于作家自己。他将理论成功付诸《松鼠》一类文章的写作实践，"将一个真实的、去神秘化的自然世界展现在世人面前"。课文《松鼠》，语言平实而明快，咀嚼品味，富有自然的灵动之美。第1自然段说明松鼠的外形特征，第一句可谓总句，纯人格化描写，"漂亮""乖巧""驯良"都是相对

---

① 将近一百年前，确有"文艺是'文学作品'的简称"一说，但时过境迁，此说毕竟已基本湮没。参见：周铭三，冯顺伯.中学国语教学法［A］.徐林祥.百年语文教育经典名著（第五卷）［C］.上海：上海教育出版社，2017（212）.

② 陈楸帆.作为文学家的科学家［J］.语文建设，2003（08）：24-25.

于人的感受而言。其他的分述，同样充满"人性化"：对其面容的介绍，用"清秀""玲珑"形容，不以"小面孔"了事；对其尾巴的介绍，用"帽缨形"形容，不以"蓬松"了事；不写站姿写坐姿，站姿是兽，坐姿像人，"直竖着身子"；写吃相，更是拿人打比方，"像人们用手一样"，而不是直接说明"用前爪抓东西吃"。在文章接下来的所有自然段，作者把传神的描摹与拟人化手法紧密结合进行到底。第2、第3自然段分别说明松鼠的日常生活与冬季生活习性，"像飞鸟一样住在树顶上，满树林里跑，从这棵树跳到那棵树"，"摘果实，喝露水"，"在树上跳着叫着，互相追逐"，"白天躲在窝里歇凉，晚上出来奔跑，玩耍，吃东西"，"轻快极了，总是小跳着前进，有时也连蹦带跑"，"秋天拾榛子……留到冬天吃"，冬天扒雪"找榛子"。第4自然段说明松鼠做窝的习性，介绍窝的特点是"又干净又暖和""足够宽敞、足够结实""既舒适又安全"，避免了单一的"又……又……"或"既……又……"结构。关于搭窝的措辞，"搬些小木片""错杂着放""编扎""挤紧""踏平""遮蔽"等，精准且具有明显的人化特征。最后的自然段，虽然对幼鼠的出生、成长规律的说明过于简单，但"它们用爪子和牙齿梳理全身的毛，身上总是光光溜溜、干干净净的"，依然使小松鼠活灵活现。

（2）疏解词语

▲玲珑的小面孔，衬上一条帽缨型的美丽尾巴，显得格外漂亮。

"帽缨"，指帽子上的缨穗，有丝麻、羽革等材质，红、白等颜色，或嵌在冒顶、披散四周，或插在帽上、向上竖起，垂缨插翎，都是起装饰作用。前者，多见于中国古代文武官员的官帽；后者，常见于西方贵妇人所戴的帽子，其实也为今天的女性所青睐。课文中的"帽缨型"，应该多指后者，①因为译者任典曾在欧洲留学生活三年，他所见的欧洲贵妇人的帽缨更接近向上竖起的松鼠尾巴，而不是中国古代官帽向下耷拉的帽缨。其实，如果要从形象状物的角度，也不妨将"帽缨型的"换成"萝卜缨似的"，可能更为贴切。萝卜缨，繁茂硕大，挺立向上。另外，"帽缨"中的"缨"还指帽子上系在额下的带子，泛指带子。

（3）躲"树枝底下"

课文第3自然段，介绍松鼠习性——"它们是十分警觉的，只要有人触动一下松鼠所在的大树，它们就从树上的窝里跑出来躲到树枝底下，或者跳到别的树上去"，句中"躲到树枝底

---

① 王岩.浅谈微课在阅读教学中的有效应用——以统编版语文五年级上册第五单元《松鼠》为例［J］.小学教学研究，2021（10）：21.

下"有些让人困惑。有人触树，人在树下，松鼠"躲到树枝底下"，不是送给人看吗？对照英文原文，可能译者对under的处理简单化了，实际上under除了惯常的"在……下面"义项外，还有"在……里面"的义项。[①]基于此，将"躲到树枝底下"改为"躲到树枝丛中"，可能更为妥帖。

---

① 陆谷孙.英汉大词典［Z］.上海：上海译文出版社，1995（2062）.

第六单元

18 慈母情深

　　《慈母情深》，小说。作者梁晓声（1949—），黑龙江哈尔滨人，我国当代著名作家，发表小说、散文、随笔及影视作品逾1000万字。他开创知青文学先河，数十年来用一系列优秀作品，为知青一代树立不屈的精神丰碑。他是文坛常青树，与改革开放的中国同呼吸，深刻反映时代变迁，弘扬主旋律。1974年，梁晓声因文学创作特长而有幸成为复旦学子，毕业后历任北京电影制片厂编剧、北京语言大学教授等职，并于2012年获聘中央文史研究馆馆员。他的作品拥有广大读者群。2019年，《人世间》获第十届茅盾文学奖。2022年初，由该小说改编的同名电视剧《人世间》，在中央电视台热播。梁晓声是杰出的现实主义作家，既有英雄情结，又有平民情怀，严肃，冷峻，不媚俗。《慈母情深》，选自其1988年出版的小说《母亲》。本世纪初，此文进入义务教育语文教科书。

　　（1）波澜与启示

　　《慈母情深》对"我"的母亲鲜明形象的刻画，在两个波澜中尽显其忘我与伟大。我们在展开小说精彩教学的同时，应当适时拓展，提炼启示，彰显课文的人文价值，给学生深刻的思想触动。第一个波澜："我"跟妈妈要钱，妈妈已经"掏"钱，却遭遇"旁边一个女人"的劝阻："……供他们吃，供他们穿，供他们上学，还供他们看闲书哇！"而母亲的回答却使跌落的情状荡起，"谁叫我们是当妈的呀！我挺高兴他爱看书的！"这显示了"我"母亲的坚强个性与远大格局。她不是鼠目寸光的母亲，不是能被困难轻易压倒的母亲。为了孩子，她以苦为荣，言语之中透着自豪与勉励。前一句，表达深沉的爱——满足孩子需要，是当妈的天职；后一句，反映向上升华的生活追求——鼓励孩子看书学习，创造美好未来。第二个波澜：妈妈给了"我"买书的钱，"我"却"鼻子一酸，攥着钱跑了出去……"，"给母亲买了一听水果罐头"，没买书。"鼻子一酸"，说明"我"情不自禁心疼母亲。难道"我"买书的希望真的要落空？不，是母亲饱含深情的责怪数落，"你这孩子……"与毫不犹豫"又给我凑足（钱）"，使跌落的心潮再次澎湃，最终"我"如愿以偿，"有了第一本长篇小说……"。这里，小说达到高潮，一个圆满的结局，母子心灵相通，也给读者留下满满的希望与憧憬。作者正是这样"有了第一本长篇小说"，才有今天自己创作数部长篇小说的辉煌。他今天的成就，渗透着母亲的汗水与心血，也熔铸着自己的努力与勤奋。这样的启示，是对学生进行人生观、家庭观和生活态度、学习态度教育的绝佳材料。无论如何，这不会使《慈母情深》的教学偏离语文课的正道，因为，构思精巧、情节曲折是小说的特点，由"波澜"切入，就是由文学性切入。

（2）"重复"的雕琢

小说教学，必须深潜其语言，剖析其手法。课文的两三个自然段，有明显的文字重复，但这种重复并无语言上的累赘感，相反，它体现了文学语言的巨大力量，重复的雕琢使母亲形象"棱角分明"。第19自然段，"背直起来了，我的母亲。转过身来了，我的母亲。褐色的口罩上方，一双眼神疲惫的眼睛吃惊地望着我，我的母亲的眼睛……"。三个"我的母亲"，宛如一组慢镜头，凸显母亲日常"脊背弯曲"的辛劳、母亲对"我"的呼应和母亲对"我"到来的讶异。第32自然段，"母亲说完，立刻又坐了下去，立刻又弯曲了背，立刻又将头俯在缝纫机板上了，立刻又陷入手脚并用的机械忙碌状态……"。四个"立刻"，仿佛眼前划过的快镜头，表明母亲不能有片刻的喘息，重又投入极其辛苦的劳作。第7、9自然段五个"七八十"中的"犹如身在蒸笼""噪声震耳欲聋"，第19自然段三个"我的母亲"中的"疲惫"，没有让"我"打消向母亲伸手要钱买书的念头。是四个"立刻"特写的冲击，令"我"首次感受到母亲的"瘦小"，而瞬间变得成熟，意识到自己"应该是一个大人了"。"我"不能用母亲如此辛苦挣来的钱去买书，而要用它去买"一听水果罐头"，聊以慰劳含辛茹苦的母亲。

（3）"鼻子一酸"析

"就一般的情形来说，儿童的感情要比成人来得强盛，儿童中可说没有一个不喜欢欣赏的，无论欣赏的对象属于声音，或者属于形象的。因此，教者在读书教学的过程中，务必捉住儿童高涨的情绪，引导他们用默读、吟唱、想象、表演、体味等等方法，尽情地把课文欣赏一下，务使想象逼真，课文中所描写的情境宛在目前，有似身历其境一般，这才亲切有味。"①讲授《慈母情深》这样的文学课文，需要充分运用默读、想象、体味等途径，让学生最大程度去深刻感悟，贯通文本与生活，感同作者而身受。课文第34自然段，"我鼻子一酸，攥着钱跑了出去……"。虽然说把"鼻子一酸"当作课眼，有点言过其实，但诸如什么是"鼻子一酸"、为什么"我"会"鼻子一酸"、你们有过"鼻子一酸"的体验吗之类的问题，却是值得深说的。"鼻子一酸"，是人遭遇或面对悲痛、苦楚、憋屈等极端不幸情状时，由通感而产生同情、怜悯、恻隐或愤懑、幽怨之心，进而在鼻腔引起酸楚、不适的自然生理反应。由于眼睑内侧的泪点与鼻腔紧密相连，"鼻子一酸"往往导致泪分泌加剧，自控力强的人是眼眶噙满泪水，一般的人会泪流满面。"鼻子一酸"，是绝大多数人的自然心理—生理反应，极少数心理狠毒、冷漠的人鲜有此反应。小说源于生活，写

① 俞焕斗．高小国语科教材和教法［A］．徐林祥．百年语文教育经典名著（第一卷）［C］．上海：上海教育出版社，2017（240）．

"我鼻子一酸",真实而合乎情理。"我"之所以会"鼻子一酸",是因为"我"第一次发现"母亲原来是那么瘦小"!生活的重压加在瘦小的母亲身上,"我"于心不忍,心灵震颤。"我第一次觉得自己长大了,应该是一个大人了","我"不再把从母亲那儿索取当作理所当然、心安理得,"我"自责、愧疚、哀怜,"攥着钱跑了出去……"。应该是省略了"我"哭的描写,不想让妈妈因看见"我"哭而伤心、忧心。问一问学生,"你们有过'鼻子一酸'的体验吗"?既能促其与作品人物"我"产生情感共鸣、深化文本理解,又能助其健全人格、身心,健康成长。

(4)标题一议

《慈母情深》的标题,包容性强,没有大的问题。"慈母"代表母亲,"慈母严父"嘛,《慈母情深》就是《母爱情深》,真要改为《苦母情深》,错也不错,却贴切不到哪里,而且过于灰暗。[①]《慈母情深》的标题,之于课文,是不错的,但如果改为《母爱与书》,是否更切合课文内容,且与单元内的《父爱之舟》珠联璧合呢?

---

① 陶金宝.《慈母情深》当为《苦母情深》[J]. 小学语文教学·人物,2011(05):25.

19　父爱之舟

　　《父爱之舟》，散文。作者吴冠中（1919—2010），江苏宜兴人，我国当代著名画家、美术教育家。1942年，吴冠中毕业于国立艺术专科学校（现中国美术学院），后赴法国巴黎国立高等美术学校进修油画，其间作品参加巴黎春、秋季沙龙展。五十年代，留学归国后相继任教于中央美术学院、清华大学。至八十年代，他致力于风景油画创作，尤其是大胆探索油画民族化。九十年代，法国文化部授予其法国文艺最高勋位；大英博物馆史无前例首次为在世者举办"吴冠中——二十世纪的中国画家"展览，并郑重收藏其巨幅彩墨画作《小鸟天堂》；我国文化部主办"吴冠中画展"。2000年，他作为第一位亚洲人入选法兰西学院艺术院通讯院士。他的《长江三峡》《黄山松》《鲁迅的故乡》等油画作品，颇负盛名。吴冠中视鲁迅为精神偶像，强调"要是没有鲁迅，中国人的骨头要软得多"。晚年以病弱之躯创作油画《野草》。吴冠中的散文别具风格，先后出版《吴冠中散文选》《美丑缘》等文集。课文《父爱之舟》，源自吴冠中1986年的散文《水乡青草育童年》，直接摘录自作者1992年散文《父亲》第一部分。[①]2019
年，《父爱之舟》进入统编小学语文教科书。

（1）标题之美

《父爱之舟》具有突出的标题之美，简洁明快，形象贴
切，虚实双关，意蕴丰厚。与前课《慈母情深》相比，它避免
了标题通用化的俗套，个性鲜明；与后课《"精彩极了"和
"糟糕透了"》相比，它避免了标题简单化的平庸，简明凝
练。《父爱之舟》，虚拟意义、精神意义大于实指意义、物质
意义。就实指而言，它是体现父爱的"姑爹那只小渔船"，
"我"无论是报考学校还是到外地上学，父亲总借用来送
"我"，不仅充当"我"的交通工具，还在暑天挑夜晚出行，
让"我"在船舱舒适睡觉；还在船上备一只泥灶，自力更生，
安安稳稳食宿，纾解生活的窘迫；还把船停在无锡师范的远
处，让"我"免却世人的嘲笑；还趁姑爹帮助摇橹的时候，在
船上当妈，为"我""弯腰低头缝补"棉被。当然，父亲总也
是那摇橹的（船）夫。就虚指而言，它是"我"的承载父爱之
舟、护佑成长之舟、穿越艰困之舟、通往成功之舟。幼小时，
家里再穷，跟着父亲，"我"有父亲"买"与亲手"做"，有
枇杷吃，有热豆脑吃，有万花筒玩。读初小时，"大雨大雪

① 吴冠中. 我负丹青——吴冠中自传 [M]. 北京：人民文学出版社，2004
（102-124）.

天"再难，"我"有父亲俯首甘为"背"。读鹅山高小时，需钱再多，"我"有父亲竭尽所能"凑"。读无锡师范时，棉被虽破，"我"有父亲"补"……在"我"的心目中，父爱如山也如水。母亲长期卧病，那份爱，父亲一并扛起。总之，父亲是"儿那登天的梯"。有形的"父爱之舟"好画——小渔船，"远比不上绍兴的乌篷船精致"，上盖的"只是破旧的篷"；无形的"父爱之舟"，如何画得了呢？"那么亲切，那么难忘……""我什么时候能够用自己手中的笔，把那只载着父爱的小船画出来就好了！"

（2）鲜活画面

作者首先是画家，他赋予《父爱之舟》强烈的画面感。全文呈现八个画面（场景）：① 逢到卖茧时，总是跟着，父亲给买枇杷吃；② 客栈臭虫咬，父亲夜欲加钱调房间；③ 庙会"穷快活"，吃冷粽子，父亲心疼给买热豆脑；④ 眼馋玩意儿，父亲动手"糊"制万花筒；⑤ 幼时读初小，无惧大雨大雪天，因为自有父亲背；⑥ 小时读高小，父亲（巣稻、卖猪凑学费）送"我"到校整床铺；⑦ 少时考师范，夜晚舟行、泥灶上船，食宿无忧好安稳，⑧ 入读师范学校，父亲途中见缝插针，弯腰低头补棉被。八个画面，除了第二个，总体按时间先后顺时展开，有效保证了文章的"形散神聚"。①在画面

的刻画上，除了第一个比较简略之外，其他七个都是不惜笔墨，讲究细节、构图甚至色彩。细节描写生动，可谓工笔重彩，如第二个，有与茶房的交涉，有"满床乱爬的臭虫"；第五个，有"我背着书包伏在他肩上"，有"他扎紧裤脚，穿一双深筒钉鞋"和"撩起扎在腰里"的下半截棉袍。构图有致，或紧密或疏朗。紧密，如第二、三、四个；疏朗，如第五、六、七、八个。色彩鲜明、浓烈，如第二个"身上都是被咬的大红疙瘩"，第四个"彩色的纸风车、布老虎、泥人、竹制的花蛇"，第五个"一把结结实实的大黄油布雨伞""腰里那条极长的粉绿色丝绸汗巾"，第七个"自然更未能领略到满天星斗"。

（3）首尾呼应

《父爱之舟》有非常精美的首位呼应："是昨夜梦中的经历吧，我刚刚梦醒！""……醒来，枕边一片湿。"然而，前半段的叙事，似乎有些凌乱，其实反映了作者一种半梦半醒的状态与梦境的迷糊。"刚刚梦醒"，就难免朦胧恍惚，因此，第2自然段是"朦胧中……"且尚与"舟"无关；第3自然段的开始，出现"我又见到了姑爹那只小渔船。父亲送我离开家乡去报考学校和上学，总是要借用姑爹那只小渔船"——可谓全文的总句。第4自然段，又是"恍恍惚惚……"。显然，第1—4自然段的叙述，似乎有些颠三倒四，第5—9自然段叙事的时间线才十分清晰。最后两个自然段，即第9—10自然段，当然是完全梦醒，落泪感叹，感叹落泪。

（4）疏解词语

　　▲他平时节省到极点，自己是一分冤枉钱也不肯花的……

"冤枉钱"，是经济贫困的人挂在嘴边的一个常用词。词典释义"指本来不必花而花的钱"（《现汉》，P1067）。在社会生活中，实指"非因满足最低（生活）极限要求而花的钱"，也就是说，凡是能不花钱而挺过去的，如果花了钱，那就是花了"冤枉钱"。例文中的"冤枉钱"，就是此义。

　　▲……将棉袍的下半截撩起扎在腰里，腰里那条极长的粉绿色丝绸汗巾可以围腰两三圈，那还是母亲出嫁时的陪嫁呢。

叶圣陶先生指出："一篇文章，学生也能粗略地看懂，可是深奥些的地方，隐藏在字面背后的意义，他们就未必能够领会。老师必须在这些场合给学生指点一下……能使他们开窍就行。"[1]例文比较费解，学生难以领会。作者为何要用此长句？强调"粉绿色"只是为了凸显画面的色彩吗？"可以围腰两三

---

　　① 参见：顾黄初等.《九年义务教育全日制初级中学语文教学大纲（试用）》能力训练内容指要［A］. 徐林祥.百年语文教育经典名著（第十三卷）［C］.上海：上海教育出版社，2017（40）.

圈"就是为了说明汗巾长吗？"那还是母亲出嫁时的陪嫁"仅是为了表明汗巾的来源吗？我们觉得，作者写下如此不好理解的长句，意蕴深厚；后三个问题的答案，都大有玄机，不能简单作答。

探究其中奥秘，必须首先了解"汗巾"为何物。汗巾，绝非只是"擦汗用的手巾，手帕"，还有非常重要的第二义项"腰带"。汗巾，又称"汗巾子"，称谓始于明代，流行于明清。[①]汗巾的用料，除了棉麻之外，绫罗绸缎都有，例文中的属于丝绸。绫罗绸缎的很考究，多加以精致的刺绣、织金和排穗流苏等，纹样生动，寓意美好。汗巾的功用，除了擦拭（汗）、束发、包裹、系物、装饰等物理性的之外，还有作为礼物与信物的显著社会性功用。汗巾，在明清两代属一物多用的佩饰，无论男女，或搭于头上，或扎于腰间，或笼于袖中，例文中的确属扎于腰间的那种。汗巾，由于贴身长随且往往还会缚在内衣上，故成为旧时男女情定终身的极重要什物。汗巾，长短不一，"缚于腰际者可至八尺"[②]。搞清楚"汗巾"的基本含义，我们再来分析作者为什么要强调汗巾是粉绿色。红、绿两种颜色，体现了中国古代传统的婚姻文化。古代有一个婚俗，就是男女双方交换"红绿帖"。"红绿帖"，顾名思义，用红、绿二色纸书写，

---

① 姚桂珍，王瑶．《金瓶梅词话》中的汗巾儿考证［J］．浙江纺织服装职业技术学院学报，2014（03）：66．

② 赵敏龙．论明清小说中日常物象的描写程式及叙事功能——以"汗巾"为例［J］．中国文学研究（辑刊），2016-12-31：125．

作为订婚凭证。红帖是男方家向女方家求婚的求帖，绿帖是女方
家回应男方家求婚而允婚的允帖。因此，粉绿色汗巾隐含了作者
母亲家庭对女儿嫁给吴家的允诺，亦即文中所言"母亲出嫁时的
陪嫁"，可谓绿色允帖的加强版。在明清文学作品中，"汗巾"
是极为常见的物象。譬如，《红楼梦》宣扬姻缘前定的传统婚姻
文化，暗示袭人与蒋玉菡所以能走到一起，是因为袭人送给宝玉
的绿汗巾后来到了蒋玉菡手里，而蒋玉菡送给宝玉的红汗巾又到
了袭人手里。[①]我们再来分析一下作者强调汗巾"可以围腰两三
圈"的真实意图。我们认为，除了说明汗巾长之外，应该还说明
了父亲身材的瘦小。汗巾，虽然可以长至八尺（264厘米），但
那是最极端的情况。可以想象，在父亲撩起棉袍的情况下，汗巾
还"可以围腰两三圈"，那腰该多细啊！最后，我们来分析"那
还是母亲出嫁时的陪嫁"的意涵。这应该是在表明它的珍贵，更
是在喻示父亲对"我"毫无保留的爱。父亲把那么珍贵的汗巾拿
来扎腰、扎棉袍，为的就是把作者顺利背送到学校。

---

① 白建忠.《红楼梦》中红绿"汗巾"试探［J］. 中国古代小说戏剧研究
（辑刊），2012-12-31：88-94.

20 "精彩极了"和"糟糕透了"

《"精彩极了"和"糟糕透了"》，散文。作者巴德·舒尔伯格（Budd Schulberg，1914—2009），美国纽约市人，享誉国际的著名编剧、作家。他父亲本杰明·舒尔伯格是派拉蒙影业公司（Paramount Pictures，Inc）总裁，母亲阿狄娜乃左翼作家。他深受母亲影响，编剧、导演的好莱坞影片《码头风云》蜚声世界。1981年，其自传《电影：好莱坞王子回忆录》出版。课文似乎依唐若水译文《我的绝妙坏诗（My Wonderful Lousy Poem）》改编。①本世纪初，此文进入我国义务教育语文教科书。

（1）理清条理

几年后，当我再拿起那首诗，不得不承认父亲是对的，那的确是一首相当糟糕的诗。不过母亲还是一如既往地鼓励我，因此我还一直在写作。有一次，我鼓起勇气给父亲看了一篇我

————————

① 唐若水. 我的绝妙坏诗［J］. 译林，1983（06）.

新写的短篇小说。"写得不怎么样，但也不是毫无希望。"根据父亲的批语，我学着进行修改，那时我还未满十二岁。

例文出自课文第15自然段，条理不清晰，语义也流于含混不清。除了标点符号等小问题，最主要的是，"不过母亲还是一如既往地鼓励我，因此我还一直在写作"，是发生在"几年间"，还是"几年后"呢？联系上文第14自然段，它无疑发生在"几年间"。如此说来，"不过母亲还是一如既往地鼓励我，因此我还一直在写作"就应前移，作为该段的首句。且慢！对照原文，作者母亲根本不是这回事，父亲说的话也不是那么笼统"写得不怎么样"。

A few years later I took a second look at that first poem; It was a pretty lousy poem. After a while, I walked up the courage to show him something new, a short story. My father thought it was overwritten but not hopeless. I was learning to rewrite. And my mother was learning that she could criticize me without crushing me. You might say we were all learning. I was going on 12.[①]

我们尝试着给原文翻译如下：

几年后，我回头看第一首诗，感觉真是糟糕。过了不久，我鼓起勇气给父亲捧上新东西，一个短篇小说。他认为其华而

---

① 此原文系中文网上流行版本，是对原作的改写。原作见：Budd Schulberg. Moving Pictures: Memories of a Hollywood Prince［M］. New York: Stein and Day, 1981（238-246）.

不实，但也并非无可救药。我就学着修改。而且，母亲也逐渐意识到她的批评不会让我崩溃。你可以说我们都在学习。那时我快12岁。

这段话清楚地表明，作者一家三口都在学习，都在改变。父亲改变了全盘否定，母亲改变了一味奉承，"我"在父亲的指点下开始去改变作品过于华丽的毛病。如果联系课文第3自然段，"我用最漂亮的花体字把诗认认真真地重新誊写了一遍，还用彩色笔在它的周围描上一圈花边"，我们就不难发现作者犯了多数孩子会犯的华而不实的毛病，而他的父亲看来是一位内容重于形式的作家，可以说是对华丽的外表深恶痛绝。前面，父亲评价他的诗"糟糕透了"，可能除了诗作本身的稚嫩之外，华丽的装饰也令他反感；后面，父亲对他新作品小说的评价，也非常关注他的用词质朴，作出了"overwritten"（华而不实）①的批评，且不忘加一句"but not hopeless"（但并非无可救药）的鼓励。

检视大段原文，我们无意改变已经改动了的、现有课文的格调与主旨，而是主张解决课文问题，并尽可能保留原作精华。基于此，例文可修改为："不过母亲还是一如既往地鼓励我，因此我还一直在写作。几年后，当我再拿起那首诗，不得不承认父亲是对的，那的确是一首相当糟糕的诗。有一次，我又鼓起勇气给父亲看一篇新写的短篇小说。'写得华而不实，

---

① 陆谷孙. 英汉大词典［Z］. 上海：上海译文出版社，1995（1297）.

但也不是毫无希望'，根据父亲的批语，我试着进行修改。那时我快十二岁。"

（2）推敲文字

　　▲ "精彩极了！" "糟糕透了！" "精彩极了！" "糟糕透了！" ……它们像两股风不断地向我吹来。我谨慎地把握住我生活的小船，使它不被哪一股风刮倒。

引文最后一句话，有些别扭。无论是"把握……小船"，还是船被"刮倒"，都不符合语言习惯。"驾驶、驾驭、操控小船"可以，"把握小船"不大通。"船被大风掀翻，树被大风刮倒"可以，"船被大风刮倒，树被大风掀翻"不通。而且，"我谨慎地把握住我生活的小船"中后一个"我"，是死译的痕迹，大可删除。我们无法找到与之对应的正式而完整的原文，但不妨结合1979年读者文摘远东有限公司《读者文摘英汉对照选集》译文和1983年的唐若水译本（《译林》版），对最后一句进行适当修改。

"绝妙……糟透……绝妙……糟透——像两股强大而顺逆不同的风，冲击着我。我驾驶我的舫艋小舟在二者之间小心航行，以免被其中一股狂风倾覆。"（《读者文摘》版）

"'真美!'……'真糟!'……这些似乎完全对立又相辅相成的话语，一直伴随着我在人生的道路上跋涉。它们就像两股方向相反的风——我得竭尽全力在这两股强风中驾稳我的风

帆。"（《译林》版）

综上，建议将课文的引文段修改为：

"'精彩极了！''糟糕透了！''精彩极了！''糟糕透了！'……它们就像两股顺逆不一的风，不断地向我吹来。我驾驶生活之舟谨慎航行，使它不在哪一股风下失控。"最后一句，或者是——

"我谨慎地把稳生活的小船，使它不在哪一股风下倾覆。"

鉴于文中所述是完全相反的评价——"精彩极了"与"糟糕透了"，即顺风与逆风，故在译文中增加"顺逆不一"。而且，课文讲的是人不能被赞美或否定完全左右的道理，在赞美下狂奔自我膨胀与在否定下失守极度自卑都极不可取。也就是说，人贵在自我控制，一要有信心，前进，力行，嬗变；二要用冷静、务实的自我评价来锻炼自我肯定（first, the confidence to go forward, to do, to become; second, the tempering of self-approval with hard-headed, realistic self-appraisal）。所以，修改使用了"把稳""失控""倾覆"之类的词。

第七单元

21　古诗词三首

山居秋暝

　　《山居秋暝》，五律。作者王维（701—761），河东蒲州（今山西省永济市）人，字摩诘，号摩诘居士，唐朝诗人、画家。唐玄宗开元九年（721）中进士。天宝年间，拜吏部郎中、给事中。安史之乱中被迫受伪职。唐肃宗上元元年（760）任尚书右丞，世称"王右丞"。他虔信佛法，参禅悟理，诗书音画俱佳，诗名隆盛，尤长五言，多咏山水田园，有"诗佛"之称，与孟浩然合称"王孟"。王维传世诗作约400首，见于《王右丞集》；开启文人画传统，有中国山水画"南宗鼻祖"之称，苏轼谓之，"味摩诘之诗，诗中有画；观摩诘之画，画中有诗"。王维的山水田园诗，诗情画意交融，以清新淡远、自然灵动的风格，傲然屹立诗坛。他的诗，语言精美，音节舒缓，恰当表现幽静的山水和恬适的心情，呈现人物一体、空灵寂静的禅境。王维汲取陶渊明、谢灵运成就，平淡醇美更进一步，将山水田园诗推向新的高峰。他生前名播四海，哀荣久盛不衰。《山居秋暝》，二十世纪八十年代初出现在《大学语文》教材中，本世纪初进入高中语文教科书，2010年后进入小学语文教科书。

（1）诗文今译

原文：

山居秋暝

空山新雨后，天气晚来秋。

明月松间照，清泉石上流。

竹喧归浣女，莲动下渔舟。

随意春芳歇，王孙自可留。

译文：

① 解释性译文

秋日黄昏的山村

空寂的山野又一场雨过后，天色将晚，天气凉飕飕的，秋日已来临。明亮的月光从松林间洒落，清澈的泉水在山石上流淌。竹林喧闹处是归来的洗衣女，莲叶晃荡中是返回的捕鱼船。不在意春天的芳菲消散，隐居的人儿当然能驻留此山间。

说明：全诗的重心在山村景色，而不是秋日景色、黄昏景色，故将标题的重心置于山村，即《秋日黄昏的山村》。这个解释性译文炼句讲究，传递美感。"明亮的月色从松林间洒落，清澈的泉水在山石上流淌。竹林喧闹处是归来的洗衣女，莲叶晃荡中是返回的捕鱼船"，对偶精当。"明月"，不是夜晚明亮的月光，白天包括傍晚，天空也会有月亮，即所谓"日月同辉"。傍晚时分，再加上松林的密暗，明月同样可以"松间照"。如果解释成夜晚，则下句"竹喧归浣女，莲动下渔舟"，便有违生活的真实，洗衣女不会真的天黑了才回家。"浣女"之"女"，难以明确是姑娘还是妇女，或者说既有姑娘也有妇女，稳妥起见，将"浣女"翻译成"洗衣女"或"洗衣女子"。"下"，应看作"渔舟下"，一如"浣女归"，句式倒装，[①]而"下"有义项"退场""结束"，我们将之引申，译为"返回"。"'归'与'下'是相向的两个运动方向，巧妙说明了秋天的忙碌，强调了田园的特性。"[②]如果将"下"解释成"顺流下"，则莫名其妙，甚为牵强。[③]"王孙"，原指王侯、王公贵族的子孙，后泛指隐士，[④]也即"精神贵族"，诗中乃作者自指隐居的人。"自"，自然，当然。"留"，驻留。

②译诗

秋暝的山村

新雨一场洗礼，山野空幽

秋日降临，天气凉飕飕。

---

① 叶绍钧，朱自清.略读指导举隅［A］.徐林祥.百年语文教育经典名著（第九卷）［C］.上海：上海教育出版社，2017（155）.

② 马未都.马未都讲透唐诗（Ⅰ）［M］.杭州：浙江文艺出版社，2022（267）.

③ 人民教育出版社，课程教材研究所，小学语文课程教材研究开发中心.教师教学用书·语文（五年级上册）［M］.北京：人民教育出版社，2019（186）.

④ 贾增妍.古代的王孙［J］.语文世界（高中版），2006（12）：21.

明月高悬松林，光影碎洒

泉水清澈，石上潺潺流。

洗衣女子归来，竹林喧哗

渔船回返，莲叶晃悠悠。

春日芳华散尽，随它去吧

我心安定，此地静静修。

说明：译诗亦用韵，重原韵（ou），"幽""飕""流""悠""修"。秋天早晚凉叠加雨后凉，山中天气给人的感觉不止凉丝丝，而是凉飕飕。"明月松间照"，如果不是几乎"直射"，月光就不能穿透，不能"松间照"，只能"松上照"，故用"明月高悬"。"随意春芳歇"中的"随意"，是任凭，不在意，就是"随它去吧"。"王孙"为作者自指，即"我"。末句"我心安定，此地静静修"，是"王孙自可留"的意译。"自可"，自然是，亦即打定了主意，即"心安定"。"留"，驻留此地，像居士一样静静修炼、修行，即"此地静静修"。

（2）品味赏析

《山居秋暝》融诗、画、乐于一体。"空山新雨后"，不难想象出当初的动与静；"明月松间照，清泉石上流"，则把同样是自然界动静结合的景象推送眼前；"竹喧归浣女，莲动下渔舟"，更呈现天人合一的境界，洗衣女的欢笑打破竹林的清幽，渔舟的划过搅动荷塘的宁静，动静相宜，绘声绘色。王维凭借对层次、色彩、音律的巧妙处理，精到把握山水田园风光独特的灵动境界，并将个人对山居灵性的领悟自然升华。全诗营造出高度的空灵美（"空山新雨""明月""清泉""莲动"），落脚在禅机哲思。首联、颔联、颈联描写的是山野景色，都在写实，而尾联却在写虚，抒发感想，坦白禅念。"随意春芳歇，王孙自可留"，贸然看去，显得突兀，甚至不知所云。前三联呈现出山野的清新、静谧与恬淡，尾联怎么跳到了"春芳歇"上？既然秋天来了，夏天都过了，不是早已"春芳歇"了吗？这由不得你是否"随意"。其实，作者要表达的是：他是王孙，是"精神贵族"，已把声色看淡，不在乎、不再想那春天的桃红柳绿、莺歌燕舞，心中全然没有了滚滚红尘，任凭春天的芳菲消失——"随意春芳歇"，我心有所属，当然驻留此间——"王孙自可留"，更何况，这山中还有如此多美景呢！此联，恰是全诗的主旨联。诚如沈德潜《唐诗别裁》所言，《山居秋暝》是右丞以清远胜的一首五言律。

有意思的是，扬之水引经据典，将古诗文中的部分"王孙"训读成"蟋蟀"。[①]如此，这首诗的尾联"随意春芳歇，王孙自可留"，就与其他三联一样，写实、写景且写秋：任凭春日芳华消散，蟋蟀自然（能）留驻其间。然而，这样解读，却

---

① 黄元．王孙今又归［J］．花卉，2015（01）：38. 扬之水（1954-，原名赵丽雅），中国社科院文学所研究员、古诗文名物研究专家。她索例引宋施荫对唐袁瑾《秋日诗》"芳草不复绿，王孙今又归"的训读，认同诗中"王孙，蟋蟀也"。

并不影响诗人以"王孙"自比：动物有动物的天性，人有人的秉性，"我"有"我"的佛性——愿意是"王孙"，生活、寄情于秋色山野之中，不稀罕春日的烂漫！

枫桥夜泊①

《枫桥夜泊》，七绝。作者唐张继（约715—约779），湖北襄州（今湖北省襄阳市）人，字懿孙，约天宝十二年（753）进士，大历中以检校祠部员外郎为洪州（今江西省南昌市）盐铁判官。他的诗比兴幽深，事理双切，但传世的不足50首，因其中一首《枫桥夜泊》而闪烁在唐诗璀璨星空。它超越文学而熔铸文化，意义双重，文学上创造"月落乌啼、霜气弥漫、江枫渔火、寒寺夜钟"的江南客愁意境，无人望其项背；文化上衍生"枫桥、寒山寺、寒山寺钟"的世人羁旅圣迹，影响岂止日韩！它在中国古典文学上绽放异彩。读它，我们能够一窥唐诗的高远意境。人们在历史的苍穹中，对其顶礼膜拜，不断去解读，希图去模仿，却总是无法超越。二十世纪八十年代初，此诗进入初等教育语文教科书。

① 参见：刘永平.《枫桥夜泊》的诗义保全与年份新解［J］. 古典文学知识，2021（03）：154-160.

（1）诗文今译

原文：

枫桥夜泊

月落乌啼霜满天，江枫渔火对愁眠。

姑苏城外寒山寺，夜半钟声到客船。

译文：

① 解释性译文

枫桥边上夜泊舟

　　月没天黑、鸦声凄厉，秋深霜华弥漫，江上枫桥在渔船灯火的摇曳中忧伤入睡。姑苏城外山冷寺寒，我初羁此地，扁舟之上，听闻午夜时分悠远而来的钟声。

　　说明：解释古诗文，不能过于粗放、随意，要力求通过精美、准确的语言，把诗意之美完整呈现，传达给学生。譬如，把诗的第四句解读成"此时，姑苏城外寒山寺半夜敲响的钟声传入客船"①，既是大白话，又是"夹生"话，"客船"是什么船？压根儿就没解读，而是简单照搬。对《枫桥夜泊》的解读、今译，不能屈从历史文化的衍生，而局部湮其本义，要突破创造文化圣迹的穿凿附会，还要谨防望文生义，进而贴近诗语的雅致美与诗境的寂寥美，尽量还其本义。即便是解释性译文，也要注意语言的凝练，避免纯粹的大白话。我们的解释性

---

　　① 人民教育出版社，课程教材研究所，小学语文课程教材研究开发中心．教师教学用书·语文（五年级上册）[M]．北京：人民教育出版社，2019（186）．

译文，努力在最大程度上照应作者当时的思想情绪，且首尾呼应，一气呵成。

"江上枫桥在渔船灯火的摇曳中忧伤入睡"，是说桥上船上一片死寂。即便如俞樾所言，"千金一字是江村"，把"江枫"换成"江村"，也毫无障碍。张继无论是一路逃难，还是远道漫游、求仕，既然尚在旅途，既然是"客船"，当然"客愁"强烈，夜不能寐。他夜泊江上，可能还带有前路未卜的焦虑。首句中的"乌啼"，次句中的"愁眠"，三句中的"寒山寺"，无不说明他的心情凝重、拥愁难眠。更重要的是，这样的解读并无史实抵牾，因为当时未有专指佛寺的"寒山寺"，亦不能排除已有"枫桥"，①或者说不能排除作者把"封桥"误写甚至故意变造。"寒山寺""枫桥"专指、实指，特别是其与张继《枫桥夜泊》的联动，均出现在北宋王郇公写刻"顷居吴门"之后。②诗僧皎然，晚于张继一二十年，其《闻钟》"古寺寒山上"，再直白不过地说明"寒山寺"非专指。因此，"张继诗与今天的枫桥和寒山寺存在倒因果关系"③。无论如何，"江枫渔火对愁眠"之"江枫"，一定不是江边枫树，"枫桥"也好，"江桥""江村桥"也罢，甚至"江上枫叶"亦然。这首诗表达低沉情绪，让"桥"入诗没有问

---

① 苏州老桥志［M］. 扬州：广陵书社，2013（117）.

② 孙桂平，艾冰梅. 张继《松江夜泊》相关问题考证［J］. 集美大学学报（哲学社会科学版），2017（02）：93.

③ 俞前.《枫桥夜泊》诗出吴江［EB/OL］. 百度文库.

题，但秋天枫树的文学形象却是热烈而灿烂。枫树在寒风之中自然萧瑟、衰飒，不会是"眠"的状态，桥则不然，风吹而不动。更何况，在月黑的夜晚，岸上枫树难见，渔火映衬下桥的轮廓可睹，而渔船群集桥的两侧过夜是常态。至于诗题《枫桥夜泊》，从文题照应、契合定题者意图的考量出发，"江枫"之"枫"最妥的就是"枫桥"。这是最优解。如果诗题不变，没有出现后来显赫的文化衍生，那"江枫"的最优解就是江上枫叶。最优解，大概率是全真解。秋之枫树与枫之落叶，给人的情感联想截然不同，前者以色泽美丽的遐想，后者则是凄冷之感怀。果真如此，"江枫渔火对愁眠"当解为"江上枫叶与渔船灯火交相摇曳，一片清冷"。无论如何，句中之"对愁眠"，一定是"眠"。作者只有写足目之所及的"眠"，才能烘托自己的"愁不眠"。此外，如果张继真就泊舟"寒山寺"侧，那就难称"姑苏城外"，更无所谓钟声"到"客船。寺钟近在咫尺，令辽远悠长的诗意顿失。诗中措辞，实已说明"寒山寺"并非近在眼前。

②译诗

夜泊枫桥边

月西坠，乌凄鸣

霜气袭人，弥漫满夜天。

江上枫桥，渔船灯火

清冷无声相拥眠。

望姑苏，处郊野

山冷寺寒，心愁空寂寥。

悠远钟声，午夜客绪

羁旅舟中不能寐。

说明：原诗四句，译诗变为八句。"江枫""渔火"眠而不愁，愁而不眠的是作者，故在译诗中用"清冷无声相拥眠"描写"江枫渔火"，用"心愁空寂寥""羁旅舟中不能寐"描写作者。"寒山寺"，实指深秋寒冷的山中寺庙，我们用四字词语"山冷寺寒"表达，既切合了汉语对四字词语的偏好，更营造了些许冷寂的意境。译诗没有讲究用韵。

（2）品味赏析

这首诗到底是写实还是写虚？我们以为，它是虚实兼有，景语情语兼顾，"感受的写实，悲秋的写意"。回望张继《夜宿松江》，本来明确的沉郁之感，却在历史文化偏好的兀自雕饰与文人附庸风雅的尽情解构之中，从诗题变换到诗文解读，均演变得近乎明快。这种显著的背离，很有意思，在文学史上也不是孤案、个例。名胜古迹，通过生编杜撰掌故、逸闻，赋予其深厚底蕴、人文特质，似乎是一种美丽谎言、通行规则，为人类主流文化史所接纳。这种接纳，久而久之，使传说成为"真实"；这种不接纳，则终归于讹传，也很可能不得长远。当然，我们力求忠实的本义解读，无意也无力改变枫桥、寒山寺及二者结缘等已深植人心的诗文形象。尽管种种考证考据力证"错拉错解张继诗，讹传讹定寒山寺"的"大错结"①，且无人遏阻得了历史文化的伟力，但在诗之本义与文化的衍生之间作出必要区隔，难道不是古诗文文本解读的正途？总之，文化枝蔓不能动摇《枫桥夜泊》格调定见——底色悲凉，写尽"泊"的飘零感与对前路不定的忧心。②

（3）史实探微

▲泊舟运河

张继之作，时题《夜宿松江》，后人题写、印行时，改为《枫桥夜泊》，并多谓枫桥在隋唐大运河上。溯源本诗原题，显然，张继当年泊舟大运河之说很不确切。大运河江南段亦称江南河，与松江水系相通，但并无运河松江段。不过，"松江的源头瓜泾口在苏州城南偏东一点，往东不远即与大运河的南段交汇"③。当年张继沿运河南下，晚上暂泊相对平静的松江，是完全可能的。张继虽非吴人，但当不会把运河当作松江，因为劳舟远行，行船人定为专职的艄公，也就是说，作者不会把"大运河"与"松江"混淆。如果有"枫桥"，它肯定横跨

① 曹汛. 姑苏城外寒山寺：一个建筑与文学的大错结［J］. 建筑师，1994（05）：56.

② 陈汉文. 叙述与想象——古代地方志里的"枫桥"［J］. 古典文学知识，2016（02）：72.

③ 朱也旷. 诗人的"一首好诗"［J］. 读书，2020（04）：143.

松江之上。如何看待运河与松江的矛盾？先则，要看到问题的根源所在：宋人对客船泊地"东"辕"西"辙，遂产生由苏州东南松江到城西枫桥的重大位移。次则，不管张继"夜宿"苏州东南还是城西，都不会身处大运河上，因为运河上的桥自是"商舶渊薮"，是南来北往之客停桡解维之处①，主景不会是"渔火"点点。况且，夜宿漕运繁忙的大运河，既不安全也不安静。再则，即便当年张继真的夜泊"枫桥"，也会看到枫桥所跨压根儿就不是大运河，而在"运河支流的最北端向东直角拐弯10米左右处"②。那里渔船集中，也能说通。我们可以说，枫桥跨在运河河汊上。

▲事发之年

《枫桥夜泊》事发年份，无确切历史记载，综合分析，当在作者"铨选"落第与唐朝"安史之乱"爆发之间。"天宝十五载秋冬之际，张继由家乡襄阳乘船顺江而下……转而南下苏州，据说途中他得知自己落第的消息"③，大概是武断而错误的。"安史之乱"爆发于天宝十四年（755）末，翌年秋冬，内乱正炽，"气节"文人张继谅必不会有兴致徜徉山水，正常应悲秋悯怀。将诗中之愁与"落第"硬扯到一起，大概源于强

---

① 苏州老桥志［M］. 扬州：广陵书社，2013（118）.

② 李金坤．"江枫"新考［J］. 江海学刊，2010（06）：188.

③ 张庆．备课手册·语文（五年级 上册）［M］. 南京：江苏凤凰教育出版社，2019（295）.

张之愁，误读《唐才子传》中的一句话，"然铨选落第，归乡"，把"铨选落第"等同于进士落榜。"铨选"，是唐代的一种选官制度，通过礼部科举的进士，不能直接当官，必须参与吏部铨选，选中者方可为官。这就好比今日高校毕业生，取得教育部核定的毕业文凭，并不能直接成为国家公务员，还必须通过人社部组织的"公考"。铨选对读书人同样命运攸关，但与进士成败完全是两个概念，两码事。《枫桥夜泊》的成诗背景，与成诗时间、诗之所愁密切相关。那种认为张继到吴越一带是为躲避战乱的主流观点，并无确切史料支撑，应该是臆断。"安史之乱"战事所及，主要为河北、河南、河东、关内四道，距离张继家乡襄阳，最近也在350公里以上。在那个年代，这距离有足够的安全感。他去江南应是漫游、宦游，故《枫桥夜泊》只是一首经典的流寓感怀之作，表现愁绪难抑。这愁，是来自背井离乡的离愁，可能还有"铨选"落第、前路未卜的忧愁，当无"安史之乱"、国难当头的悲愤与哀怨。尽管此诗前两句凄清、窒闷，但通读全诗之后，我们的心情还是能够得到充分释放，占据内心的是平和淡远的静穆感。整体研读张继作品，不难发现，前后期差异显著。"安史之乱"给当世文人以强烈冲击，张继自不能外。乱前唐处盛世，张继心中也有愁，但那是文人心中的惆怅；之后，则演变为匹夫内心的喟叹。《枫桥夜泊》，应是张继一生前期即"安史之乱"以前的作品。

　　唐天宝十二年（753）春，张继进士及第。①此前，他在齐鲁、淮阳等地游历。是年和天宝十三年、十四年三年的秋冬，可能是《枫桥夜泊》的事发时间。如果除却参加"铨选"的可能年份，就只剩754、755两年。张继进士及第后，应接着参加了是年秋至翌年春吏部的"铨选"，但不幸落第。此时，距预备铨选恰好一年（终年），张继发些牢骚，"终年帝城里，不识五侯门"，合乎情理，且足可辨其行迹。他"铨选"落第归乡，不管真假，反正以他的秉性，不会在京城长安或东京洛阳久留，也不会鸿志未酬即归隐乡里。出游、闯荡、求仕是读书人的常态，自然也是他的倾向。张继"傲骨凌霜""颇矜气节"，既不能融入京都诗人群，又不能获得皇帝任命，只好到地方找寻知音、谋取前程。按唐代科举制度，铨选落败并不影响到地方州府任小吏。当年秋，他前往会稽（今浙江绍兴）的可能性更大。唐代以前，江南文化经过东晋南朝的偏安江左而厚积。②江南是隋唐文学圣地，"江南七州"为国家税赋重心，"唐时，苏之繁雄固为浙右第一矣"。对张继而言，吴越之地崇文尚学，文化繁荣，具有强大的文化感召力，那里不仅有可资挖掘的现实人脉，而且有他的精神归宿——以诗酬唱寄答。其时，除了长安、洛阳"两京"诗人群之外，江南之地文人雅

---

　　① 傅璇琮. 唐才子传校笺（第一册）［M］. 北京：中华书局，1987（506）.

　　② 景遐东. 江南文化与唐代文学研究［D］. 复旦大学博士学位论文，2003年4月。

士汇聚，乃至大历年间（766—779）形成蔚为大观的江南诗人群体。他羁旅吴越，就是"人往高处走"。显然，张继流寓江南①，主要不是因为那里是社会安定的高地，而是因为那里经济繁华、文化发达，具有深厚的士子唱和的土壤，同道、知音吸引力强。唐初，苏州与会稽同属江南道。他奔会稽而来，苏州自然也留下了他大量的足迹。无论如何，"安史之乱"导致玄宗逊位、年号更改的严峻形势，张继不大可能在《枫桥夜泊》中无动于衷。天宝十三年十月，应是张继"夜宿松江"之时。根据诗里"月落""霜满天""夜半"等天文、物候、气候语言，《枫桥夜泊》事发日期可大致确定为农历十月初八。②

▲成诗年份

《枫桥夜泊》成诗年份，可以通过参照相关因素，全方位来深入推定。第一，高仲武《中兴间气集》断代的相对性。《枫桥夜泊》正式面世，时题《夜泊枫江》，应该说始于《中兴间气集》。③依集序所云"仲武不揆菲陋，辄馨谀（xiǎo）闻，博访词林，采察谣俗，起自至德元首，终于大历

---

① 姜卫华.大历江南诗人诗歌艺术研究［D］.南京师范大学硕士学位论文，2003年5月.所谓"江南"，指唐开元年间所置行政区划之江南东、西两道，以江东吴越地区为中心，包括今天的浙江全部、苏南、皖南以及江西、湖南的部分地区。

② 柯继承.寒山钟乍动 风景忆当初——《枫桥夜泊》写作年代考及其他［A］.寒山寺文化论坛论文集·2008［M］.上海：上海古籍出版社，2009（256）.

③ 马未都.马未都讲透唐诗（Ⅱ）［M］.杭州：浙江文艺出版社，2022（265）.

暮年。……五言诗一百四十首，七言诗附之……"，《枫桥夜泊》似乎不会早于至德元年（756），但鉴于古人文章传播缓慢与文集采撷困难等突出的限制因素，并不排除其实际写作时间显著在前。何况触发诗作事件的时间，可能更在先前。第二，张继诗《会稽秋晚奉呈于太守》生发年份的参照。《枫桥夜泊》当成诗在《会稽秋晚奉呈于太守》之前。于太守于幼卿，天宝十三年始任会稽太守，至德二年（757）卸任，就是说，张继奉诗太守只能是天宝十三、十四年和至德元年三年中的一年。天宝十三年秋，张继南下江南至会稽。是时，张继与太守均是初来乍到，人生地疏，素昧平生，想必不会以诗相会。太守甫任，以张继气节刚直之品性，不至于讲"寂寂讼庭幽，森森戟户秋"，至少也得在太守操劳了一年半载之后再来歌颂他的功绩。但他求仕之心迫切，不会放任时光的流逝。何况，至德元年秋北方战火纷飞，难以想象张继求仕诗中竟无半点忧国气息。按照高仲武对五言律诗的偏好，大概也不会遗漏至德元年的这首五言佳作。因此，《会稽秋晚奉呈于太守》只能作于天宝十四年秋，同样是"安史之乱"前。第三，傅璇琮《唐代诗人丛考》云，"确知张继于至德元年二年间曾至会稽"，留下的可能空间。傅说张继是在越中"盘桓过一段时期的"，756—757年肯定在会稽，而其前其后的年份无法明确排除。张继在会稽周边游历一年后，对旅居之地已有相当了解，进而写下《会稽秋晚奉呈于太守》。诗云"浮云将越客，岁晚共淹留"，显其尚无官职，而《酬李书记校书越城秋夜见赠》

云"量空海陵粟，赐乏水衡钱"，应能表明张继是在其位感其怀，且诗与"李书记"酬唱，显其可能已是个胥吏。刘长卿作有《赠张继司直适越》诗，"司直"可能就是张继在吴越地担任过的官职。①《酬李书记校书越城秋夜见赠》云"凤辇栖岐下，鲸波斗洛川"，表明朝廷与安禄山叛军鏖战中，肃宗仍未班师回长安。此时应为至德二年。是年，于幼卿离任，之前给张继落实个差事乃情理之事。我们完全可以推知，天宝十四年（755）秋，张继以《会稽秋晚奉呈于太守》令太守印象深刻，进而刮目相看，逐步委任其承担钱粮管理工作。大历四、五年，他任职洪州盐铁判官，分掌财务，是有历练基础的。至德二年秋，他无疑"司直"在身，国难当头，深有感触，作《酬李书记校书越城秋夜见赠》。是载，张继《春夜皇甫冉宅欢宴》云"流落时相见，悲欢共此情。兴因尊酒洽，愁为故人轻"，家国情怀表露无遗。显然，欢宴不欢。

综上所述，张继《枫桥夜泊》成诗公元754年10月。诗中"客船"，点明了初始羁旅者的身份，其口吻绝非是作者在吴越已盘桓一段时间。彼时，张继应该是初行吴越，《枫桥夜泊》描绘的就是初八日的夜景。周义敢先生"此诗……于至德年间（756—758）客游苏州时所作"之说②，应是不确切的。

---

① 钟国本．唐代诗人张继诗歌初探［J］．聊城师范学院学报（哲学社会科学版），2000（05）：50．

② 周义敢．张继诗注［M］．上海：上海古籍出版社，1987（22）．

长相思

《长相思》，词。作者清纳兰性德（1655—1685），满洲正黄旗人，叶赫那拉氏，字容若，号楞伽山人，原名纳兰成德。"纳兰"即"那拉"，女真语，义为太阳。他自幼饱读诗书，文武兼修，深受康熙皇帝赏识，授一等侍卫衔，常随驾出巡。纳兰性德至为性情中人，诗词缘情而旖旎，词作成就盖世，有"国初第一词手"之誉，闪耀在中国文学史。他的词以"真"取胜，王国维认为，其"以自然之眼观物，以自然之舌言情。此由初入中原未染汉人风气，故能真切如此。北宋以来，一人而已"[①]。词风"清丽婉约，哀感顽艳"，"直追后主"[②]。后人将其两部词集《侧帽集》《饮水词》增遗补缺，合为《纳兰词》。曹寅与纳兰是好友。纳兰去世十年后，曹寅题诗悼念，"家家争唱饮水词，纳兰心事几曾知"。纳兰性德传世词作近350首，内容涉及爱情友情、边塞江南、咏物咏史等方面，写景状物尤重水、荷，真实反映其生活中高洁的品德取向。他将自己的别业取名"渌水亭"，著作题为《渌水亭杂识》。他自定号禅缘荷花，尽在情理之中。《长相思》，边塞主题，乃其词作上品，康熙二十一年（1682）作。本世纪初，

[①] 苏缨. 人间词话 精读［M］. 长沙：湖南文艺出版社，2015（452）.
[②] 梁启超. 成容若渌水亭杂识［A］. 饮冰室合集（文集16）［C］. 北京：中华书局，2015（4342）.

此文进入义务教育语文教科书。

（1）抒写他人

康熙二十年，清朝平定三藩之乱。翌年早春，康熙帝经山海关去盛京（沈阳）告祭祖陵，纳兰性德随扈。途中，遭遇苦寒天气。①纳兰性德与护卫将士感同身受，作此词，一抒柔婉缠绵与慷慨沉雄的复杂情怀。《长相思》遣怀的主要不是作者自己，而是他人——众护卫、一众人马。这深刻反映了作者"上善若水"的仁爱与恻隐之心。他是高官，几乎与康熙帝一样，偶尔出塞也是前呼后拥，备受照护，应体会不到凄苦。更何况，对于八旗贵族们来说，山海关外恰恰是他们的故园。准确地讲，纳兰性德的《长相思》，是为身边来自中原等广大区域的将士而作，体现了对他们的体恤与尊重。

（2）词作今译

原文：

长相思

山一程，水一程，身向榆关那畔行，夜深千帐灯。

风一更，雪一更，聒碎乡心梦不成，故园无此声。

---

① 张文鹤，文军. 纳兰性德《长相思·山一程》英译策略比较研究［J］. 外国语文研究，2020（01）：76.

译文：

① 解释性译文

长相思·出塞

护驾出巡的人马跋山涉水，走了一程又一程。马不停蹄，向着山海关外进发。到塞外，夜幕降临，安营扎寨，千百顶帐篷灯火点点。

可是外面，却风雪交加，一阵紧似一阵。呼啸的声音刺耳，护卫们根本无法入睡。梦乡不成便揪思乡之心——家乡真没有这么可怕、讨厌的声音，"这是哪儿呀！"

说明：《长相思》是词牌名，只规范小令文字的组合格式，不能概括其思想内容，故而不是现代意义上的标题。从辞章内容出发，我们取题《长相思·出塞》。译文点明了主语"护驾出巡的人马""护卫们"。"千帐"之"千"表示多，是"千百"还是"千万"呢？作者亲历其中，规模自知。他既然没用"万帐灯"，那就可以肯定是"千百"，故译文用了"千百顶帐篷"。况且，作者是陪皇帝出巡祭祖，毕竟不是出征，护卫、随从的规模就不会太大。最后，将原词所隐含的卫士们的幽怨挑明。他们远离家乡，面对塞外恶劣环境，内心自然生发"这是哪儿呀！"

② 译诗

塞外行

进发，跋山涉水，一程又一程，现山海关外，安营扎寨千帐，夜宿悬灯待天明。

卧听，风雪交加，一阵紧似一阵，涅睡意乡梦，贯耳闹心鬼声，家园去远从君命。

说明：不知道有无所谓"现代词"，姑且以现代诗代之。"鬼声"，形容特别难听或恐怖的声音。护卫皇帝的将士，出塞遭逢恶劣天气，尽管内心有些幽怨，感觉"贯耳闹心鬼声"，但都深知皇命不可违，乡愁亲情只能埋藏心底，"家园去远从君命"。原词末句"故园无此声"，比较含蓄，明里只是表达"家园去远"，实际"从君命"隐含其中。

（3）品味赏析

《长相思》有别于一般的写景抒情、记事抒情，而是叙事写景紧密结合，且以叙事写景始，以抒情感怀终，淋漓尽致地表现出塞人乡愁的产生过程——如何出塞？愁绪何来？作者以白描的手法铺陈所行所见、所思所想，语柔情深，言轻意重，行云流水，淡墨天成，宛如一部庄严的旅途纪录片。它将豪迈与委婉集于一体，可谓"一程山水一程歌，一更风雪一更愁"。上阕"山一程，水一程，身向榆关那畔行，夜深千帐灯"，尽显豪迈精神。"夜深千帐灯"是上、下阕之间的自然转承。读完全词，清雅婉约之感触油然而生。特别是，下阕"聒碎乡心梦不成，故园无此声"所营造的思乡愁绪，婉约间近可触摸。一个"聒"字，尽显风雪声响之巨，拟人传神，仿佛这风雪也通人，思念故里不能自已。"聒碎乡心"，夸张但契合情理，形象地表现了愁肠百转的思乡之情。

《长相思》具有完整的对称之美，既有阕内的对称，也有上下阕间的绝妙对称。阕内：上阕"山"对"水"；下阕"风"对"雪"。上下阕之间：空间上的移动对时间上的更替，"程"对"更"；静对动，山水对风雪，"灯"对"声"；白天对深夜，"那畔行"对"梦不成"；行为对感受，叙事对抒情，"身"对"心"，"身向榆关"对"聒碎乡心"；时空倒对，"深夜"对"故园"。这一系列的对仗，节奏、音律俱佳，上阕"山一程，水一程"对下阕"风一更，雪一更"，词语简朴，却生动刻画了边塞的特点：路途遥远，环境恶劣，若不思乡，情何以堪？词意主旨凸显。

（4）文学地位

这首《长相思》，把边塞词推向一个新的发展高度与审美领域。边塞词最早产生于唐代，以中唐前期词人戴叔伦和韦应物的《调笑令》为起点，即《调笑令·边草》（胡笳一声愁绝）与《调笑令·胡马》（边草无穷日暮）为起点。五代时期出现流派分野，即文人边塞词与敦煌边塞词。宋代虽达词的鼎盛，但边塞词发展极为有限，著名的仅有范仲淹《渔家傲·秋思》（人不寐，将军白发征夫泪），且从此日趋衰落。元明两代，边塞词趋于式微，最终几成空白。到了清代，纳兰性德使之焕发生机，绽放异彩。他一生创作60多首边塞词①，以这首《长相思》最为有名。初读词牌名，容易望文生义，误以为意在抒发男女情爱，其实是思乡之作，而通篇并无相思的字眼。

① 杨琴，殷飞. 乡思意绪，轻意隽永——品读纳兰性德《长相思》[J]. 北方文学，2020（11）：88.

22 四季之美

　　《四季之美》，散文，选自日本作家清少纳言的代表作《枕草子》，译者卞立强。《枕草子》全书分类聚、随想、回想三章段。作者以女性特有的敏锐、纤细，写下对自然、人生等的随想和感悟，营造了一个真实细腻、睿智含蓄的唯美世界。《四季之美》（《四时的情趣》）为随想章段的开篇，最为有名。卞立强（1932— ），安徽无为人，著名翻译家及日本文化研究专家，曾任北京大学教授、日本创价大学客座教授、京都外国语大学名誉教授，现旅居日本。他笔耕不辍，译著等身，翻译出版了日本作家岛崎藤村、石川啄木、陈舜臣等人的文学作品，以及日本学者池田大作、梅原猛等人的学术著作，总计60余部。其中，《鸦片战争实录》《太平天国》《郑成功》等译著产生了广泛影响。2019年，《四季之美》开始进入我国统编小学语文教科书。

　　（1）"清少纳言"析

　　"清少纳言"，是作者做女官后的借称。《枕草子》成书的年代，日本实行"走婚"制，女子婚后不离娘家，且女性的社会地位不高，是故女子从父姓，本名通常不为人知，而以父兄或丈夫的官职代称。对于有身份的女性，就是借助父兄的官职以显耀自己，区别他人。譬如，与清少纳言并称"平安文学双璧"的紫式部，其中的"式部"，即来自她父兄的官职"式部丞"。清少纳言出身中等贵族家庭，世代文官，家学深厚，曾祖父和父亲都是日本传统诗歌和歌大家，父清原元辅位列著名的"梨壶五歌人"之中。清少纳言饱读汉书，真名不可考。人们对"少纳言"更莫衷一是。人民教育出版社《教师教学用书》认为是"她在宫中任职的称呼"①，江苏教育出版社《备课手册》认为是"因其父兄任过少纳言（官职名）"②。还有人认为是，其出侍一条天皇的中宫定子并充任"女房"，级别待遇等同于辅佐天皇洽政的最高权力机构太政宫"少纳言"。③甚至有人认为，是其入宫后皇后所赐的官位，或因其曾有一位官及中纳言的丈夫。如此这般，众说纷纭。其实，只要搞清"少纳言"本义，我们就不难得出这样的结论：这绝非她的官职名称，只是借称。到底是借了父兄还是丈夫的官职名，抑或是借

---

① 人民教育出版社，课程教材研究所，小学语文课程教材研究开发中心. 义务教育教科书·语文教师教学用书（五年级上册）［M］. 北京：人民教育出版社，2019（195）.

② 张庆. 小学语文备课手册（五年级 上册）［M］. 南京：江苏凤凰教育出版社，2019（307）.

③ 陈东生. 清少纳言与《枕草子》［J］. 日语学习与研究，1992（03）：54.

了"少纳言"的级别待遇？难以确定。作者是宫中的女官，名"女房"，不是"少纳言"，因为"少纳言"只能侍奉皇上而非皇后。"少纳言"，首创于平安朝的前朝奈良时代，最初是从事天皇文书诏敕宣下的重职，当然较之大纳言、中纳言，只是奏宣小事、次要之议。后来职权渐弱，成为仅掌管御印和官印而与"言"无关的有名无实之职，及至职能多由"藏人"接收而慢慢废黜。作者以其学识渊博、机敏睿智入职宫中随侍皇后，成为与紫式部齐名的才媛，创造日本女性文学的巅峰，各自以《枕草子》与《源氏物语》闪耀日本乃至世界文坛。

对《四季之美》作者其人，我们可以这样概括："清"，乃其姓，取其父姓"清原"的首字；"少纳言"，是反映其家庭男性成员抑或自身"显赫"皇室身份的借用名。"清少纳言"之称呼，契合作者所处的内宫文化氛围——基本对应她的"女房"角色，也符合她通汉学的学识与男性化的行事风格。因此，在宫中人们这样称呼她是完全可能的。出宫后，鉴于其资历与成就，人们还会继续这样尊称她。久而久之，她的本名已不为人知。关于"清少纳言"，《教师教学用书》与《备课手册》的相异表述都是成立的，只是基于不同的角度："她在宫中任职的称呼"是说称呼本身，"因其父兄任过少纳言（官职名）"，是说称呼的最大可能来源。当然，两者均有不严谨的地方。前者给人"她在宫中任职'少纳言'"的强烈歧义，后者过于"想当然"，并无确切史料支撑。相对而言，如果将《教师教学用书》的表述改为"她到宫中担任女官后，人们对她的尊称"，则可能更为妥帖。

附：

清少纳言与大众"四时之美"的异趣

审美之眼	春之美	夏之美	秋之美	冬之美
清少纳言	晨曦变幻	夜之萤火	夕阳西下 雁鸦归途	霜雪满地 寒朝炭火
大众	春暖花开 生机勃勃	蝉鸣 夜清凉	天高云淡 瓜熟蒂落	银装素裹 冬暖食丰

（2）课文旨趣

　　《四时之美》旨趣在女官的聊赖之美。春之拂晓、夏之夜晚、秋之黄昏、冬之清晨，四时景物抒写描摹，视听觉交融，如诗如画，清丽鲜活，一如"小女子可爱的絮语"。它是描写四季风光的绝妙美文、经典随笔，亦折射《枕草子》全书绚烂的色彩盛宴。中国自古有"紫气东来"或"紫气东升"之说，寓意祥瑞降临或盛世之兆。课文首段中的"红紫红紫的彩云"，其实暗指"紫云"，所描绘的正是古语所说的那种奇瑞景象。①在日本，紫色既是高贵尊崇的表达，也是天神庇佑的吉兆。然而，清少纳言独特审美的另一面则有失偏颇。这既源于她宫闱生活的"裹足"与灵魂深处对平民的鄙夷，亦源于她标新立异、故作风雅的个性偏好。《枕草子》笔法曼妙、灵气

---

① 房颖.《枕草子》的美学研究［D］.吉林大学博士学位论文，2012年12月.

十足的独特韵味自不待言，但也有题材纤小、"装出感动"的做作。在《枕草子》中，"这是＋形容词（有意思的、可憎的、漂亮的……）"句式比比皆是。课文中的审美意趣与常人体会的春华秋实、夏蝉冬雪大为不同，书写的尽是女官慵懒、闲适的宫内生活。课文短短300字，集中出现"这情景着实迷人""更是叫人感动""愈发叫人心旷神怡""多么和谐啊"此类句子，咏叹有余，思想性与文学性都显苍白。写春天，她对代表性的"花"只字未提，转而描写与春天并无必然联系的紫色的云。我们完全可以换一个视角，来比较清少纳言的审美与大众的审美二者，何种美更恢宏大气、更富生活气息。在一定的意义上，我们可以说，清少纳言的美是对着天空"发呆"的美、"看萤火"的美，很小众。宫墙的阻隔禁锢，后宫的奢华生活浸淫，使她无法尽情写、随便写。她只能抬头看天、看月、看萤火、看飞鸟，低头看地、看霜雪、看火盆。她无法一览广阔大地，体味欣赏春耕、夏耘、秋收、冬藏。她看天看地，看不到男耕女织、畜禽争食。

总之，《四季之美》的美，是特定群体女官的聊赖之美。正如她自己所言："我只是想将自己心中所感动之事对人谈说，又如此书写下来……不过，这本草子是将我之所见所思的许多趣事，趁百无聊赖之际，也没指望别人会看，予以整理书记下来而已……"①特别是，在她的意识深处，"对美的判断绝大多数都是'贵族的'"。她的审美并不彻底，也不够崇高。譬如，清少纳言喜善用"色"，课文描绘也可谓色彩斑斓。但她对雪的洁白的喜爱，却是有条件的。在《枕草子》中，竟然有"卑贱的人家下了雪，又遇着月光照进里边去，是不相配，很可惋惜的。"②真是岂有此理！难怪紫式部对她有如此的差评："像这般浮疏成性的人，其结果如何能有好的道理呢？"我们讲授《四时之美》，关键是告诉学生美在于发现，从不同的视角有不同的美；大众的美是劳动美、生活美，是大美，"贵族"的美是消遣美、幻想美，是小美。清少纳言的美是小美。

①　清少纳言. 枕草子［M］. 林文月，译. 南京：译林出版社，2011（357-358）.

②　清少纳言. 枕草子［M］. 周作人，译. 上海：上海人民出版社，2019（79）.

23 鸟的天堂

　　《鸟的天堂》，散文。作者巴金（1904—2005），四川成都人，字芾甘，原名李尧棠，我国当代著名文学家、出版家、翻译家，无党派爱国民主人士，新文化运动以来最有影响的作家之一。1929年，他首次以"巴金"笔名发表长篇小说《灭亡》，昂首步入文坛 。1936、1940年，先后出版长篇小说《爱情三部曲》（《雾》《雨》《电》）和《激流三部曲》（《家》《春》《秋》）。新中国成立初期，他先后参加开国大典和第一届全国人民代表大会。1960年，当选全国文联副主席。"文化大革命"期间受到冲击 。后来，他重新屹立文坛。1982年，出版杂文集《随想录》三集。翌年，他开始担任全国政协副主席、中国作家协会主席，获法国荣誉军团勋章。1990年，他获苏联人民友谊勋章和日本第一届福冈亚洲文化奖特别奖。2003年，国务院授予其"人民作家"荣誉称号。《鸟的天堂》，系巴金早期作品，1933年6月作，后收入其散文集《旅途随笔》。早在二十世纪七八十年代之交，它即进入初等教育语文教科书。

（1）品味赏析

作品两写大榕树，先静后动，先晚霞后朝阳，先抑制后张扬，凸显鸟的存在。先写"鸟的天堂"大榕树，从树的茂盛容貌的勾勒，到枝根叶片的描写，不惜笔墨，但"天堂"无鸟，"却不见一只鸟的影子"，异常安静，从而营造疑惑，制造悬念，以铺垫高潮的到来。后写"天堂"里尽是鸟，显示"鸟的天堂"名副其实："到处都是鸟声，到处都是鸟影。大的，小的，花的，黑的，有的站在树枝上叫，有的飞起来，有的在扑翅膀。""看清楚了这只，又错过了那只，看见了那只，另一只又飞起来了。"一派群鸟鸣叫、飞舞、欢跃的景象。水到渠成，最后是由衷的赞叹！

散文阅读，我们要透过物象的描述去体味作者蕴藉其中的思想与感情。[①]课文反映了鸟与人的共通性日出而离"巢"、日落而憩息，以及现代话语体系里的人与自然和谐共生："太阳落下了山坡"，"我们没有上（岸）去……有许多鸟在这树上做巢"；"这一次是在早晨"，"我们把手一拍……我们继续拍掌，树上就变得热闹了……"。总之，"鸟的天堂"具有迷人的魅力，像梦境一样美丽，也需要人精心呵护！

---

① 吴楠. 聚焦主旨 梳理文脉 关注审美——《白鹭》《珍珠鸟》《鸟的天堂》群文阅读［J］. 教学月刊·语文（小学版），2022（1-2）：37.

（2）疏解词语

▲真是一株大树，枝干的数目不可计数。

"计数"之"数"，既可作动词，读shǔ，也可作名词，读shù，例句"不可计数"之"数"作动词，读shǔ。（《现汉》，P614）

▲……有许多鸟在这树上做巢……

做巢、做窝，富有方言与口语特色。在汉语普通话书面语里，多使用"筑巢"。

24 月 迹

《月迹》，散文。作者贾平凹（1952—），陕西丹凤人，我国当代著名作家，陕西省作家协会主席。二十世纪七八十年代，他的《山地笔记》《腊月·正月》先后出版，并分获全国优秀短篇小说奖、中篇小说奖。九十年代，出版长篇小说《废都》，并获法国费米娜文学奖。2005年，出版长篇小说《秦腔》，后获得第七届茅盾文学奖，并入选"新中国70年70部长篇小说典藏"。最近几年，贾平凹出版长篇小说《暂坐》《酱豆》和《秦岭记》。《月迹》，选自贾平凹同名散文集，1982年百花文艺出版社出版。本世纪初，它开始进入初中语文教科书。

（1）童真童趣

《月迹》之于成人，可以体悟心物不二、物我同一的禅意；之于孩子，却不能承其所重，也无须如此深刻、玄奥，只要回到孩童本真、认真，好奇、猎奇，发问、追问，幻想、畅想，任性、随性的实际，那就足矣！《月迹》循着盼月→寻月

→赏月→争月→共月的脉络展开，主人公四人，一老（奶奶）三少，一老是三少的启蒙老师、人生导师，是盼月的激发者，寻月的引领者，赏月的指导者，争月的评判者，共月的旁观者。换句话说，孩子是盼月人、追月人、共月人，奶奶是拥月人、推月人、圆月人（帮助孩子圆月）。盼月、追月，是孩子才有的事情；共月，孩子的也不同于成人的，成人的"共月"是"天涯共此时"的思念，孩子的"共月"是互不相让——你有我也要有，是"属于我们的，每个人的"。文中的赏月是贯穿于追月之中的，从中堂内月亮形状的变化消失（"白道儿"→"半圆"→"满盈"→"亏了"→"没了踪影"），一路追寻到院子里（正中的"头顶"→斜落的"葡萄叶儿上……"）、院门外，最后是河滩上的"水里""天上""眼睛里"。这种一路的追寻、探幽与欣赏，只有孩子才有。成人的赏月，多是坐定或立定身子的，或在中堂，或在院子里，或在河滩之上。在追月过程中，对"月桂""嫦娥"的饶有兴味，只有孩子才有；因月桂感觉气息，与嫦娥比美，更显出孩子富于幻想。《月迹》的童真童趣，不仅在立题与叙事展开的根本上，而且还在亦真亦幻的描写、拟人化的修辞与儿化词叠词的使用等表现手法层面。亦真亦幻的背后，是孩子的懵懵懂懂，"见了风就是雨"；儿化音的反复出现，扑面而来的是俏皮感；叠词的常见与怪用，体现的是孩童语言的情趣与稚雅。

　　不少人把孩子眼里的月亮解读成禅意，不能说错，因为在

《住持禅宗语录·圆瑛江法》中确有类似根据①，但不恰当是肯定的——我们能够也应当把孩子眼睛里的月亮看作他们欣喜若狂、忘乎所以、"玩疯了"的心理表现，"我们有了月亮，那无边无际的天空也是我们的了"。禅讲求真，孩子最真。禅讲求无"我"，这个"我"是社会的"我"，要求出世，而孩子还没有完成社会化，还在"世"外，根本谈不上出世。因此，在一定意义上，我们完全可以说，孩子的率性就是禅性，童心就是慧心。其实，以我及物、人物合一，并非只是禅语，它首先是"童话"，是儿童心智发育早期的一个必然现象。我们的孩子两岁那年，一次当她把倒扣在床下面的痰盂（尿盆）翻过来发现下面有水时，竟然惊呼："妈妈，妈妈，痰盂尿尿了。"②要在《月迹》教学中揭示禅意，是画蛇添足，故作高深。对于课文，教师解读绝非个人解读，"他需要受到文本课文与学生的双重制约……既要有文本依据，又要能够适合学生的接受方式，符合他们的心理特点"③。那些"单纯以童真童趣教学《月迹》与买椟还珠没有两样""读《月迹》而无禅意之体认，读了等于白读，那是在糟践灵性文字"等论调，我们实不能认同。除了可能令学生迷茫之外，还是否涉嫌违反《教育法》，背离"教育与宗教相分离"的原则呢？中小学教师角色

---

① 蒋祖霞.《月迹》有禅意［J］. 中学语文教学，2012（12）：35-36.

② 刘永平. 稚语逗人［N］. 家长报，1992-11-03：4.

③ 倪文锦. 语文教学反思论［A］. 刘国正，曹明海.名家论文丛书［C］. 济南：山东教育出版社，2021（26）.

的规定性是需要自觉遵循的。

（2）特别用词

《月迹》用词，有两大类密集而特别，即儿化词与叠词。儿化词，有"竹窗帘儿""悄没声儿""竹帘格儿""白道儿""屏住气儿""尘影儿""竹帘儿""满圆儿""慢慢儿""骨朵儿""繁星儿""星儿""头发梢儿""狂样儿""葡萄叶儿""瓷花盆儿""锨刃儿"等17个。儿化是北方方言的一大特色，多用在名词后面，相当于中原方言中的"子"，并无实义，但用在形容词后面，相当于"地"，构成副词，如文中的"悄没声儿""屏住气儿""慢慢儿"。儿化词中的"儿"只读半音，在课文中还要读得轻柔、畅滑，读出情趣。贾平凹对儿化词的高频度使用，说明了大作家是不吝运用方言的。叠词，有"款款地""渐渐地""慢慢儿""匆匆的""玉玉的""银银的""粗粗的""疏疏的""累累的""清清晰晰""袅袅""淡淡的""痒痒的""细细的""白光光的"等15个，其中多数是常见的、通用的，但"玉玉的""银银的""疏疏的""清清晰晰""白光光的"却并不多见，似乎还有作者的个人创造成分。既然名家名篇用了，我们就要允许甚至鼓励学生大胆使用。需要特别指出的是"袅袅"，从"哪儿好像有了一种气息，就在我们身后袅袅……"完全可以看出，这是一个节缩词，代表"袅袅升起"。

（3）疏解词语

　　▲……便坐回中堂里，放了竹窗帘儿闷着，缠着奶奶说故事。

　　"闷"，"在屋里待着"（《现汉》，P890），可以解释成"闷坐"。只因闷坐，才要"缠着奶奶说故事"。

第八单元

25　古人谈读书

一

　　《论语》，是孔子弟子及再传弟子记录孔子及其弟子言行的语录文集，成书于战国前期。它的纂著时间相距或逾三五十年，因年代久远，多人参与，特别是遭遇"焚书"厄运，而流传失序，出现若干处的雷同与重复，篇章排列也有失逻辑关联。全书20篇，以语录体为主，叙事体为辅，辞约义富，形象生动，雍容和顺，纡徐含蓄，并用简单的言行烘托人物形象，较好体现孔子及儒家学派的政治伦理、道德观念及教育主张。自汉武帝"罢黜百家，独尊儒术"之后，《论语》被尊为"五经之辖辖，六艺之喉衿"。到了宋代，出现"半部《论语》治天下"之说；《论语》与《大学》《中庸》《孟子》一起被奉为"四书"，获得崇高的国家地位，成为官定的学校教科书。元代以"四书"开科取士，延至清末废除科举之前，《论语》一直是学子士人推施奉行的金科玉律。今日，从小学到中学，语文课本则注重汲取《论语》《孟子》精华；源于"四书"的名句和成语更是数不胜数。总之，《论语》中的诸多名句与思想，早已熔铸于中国人的思维观念、行为习惯之中。

（1）"论"之读音

"论"正常读lùn，有"分析和说明事理"等义项。但《论语》中"论"的正确读音是lún，编纂的意思。因为，"论"的繁体字是"論"，其古字为"侖"，会意字，上部"亼"是古"集"字，下部"冊"即"册"，把零散的话语汇集成册，谓之"侖"。《论语》就是把孔子及其弟子的言论编纂起来，亦即语录体著作。"论"字读平声lún（相对仄声而言），在古诗中亦不乏存在，如"何时一樽酒，重与细论文"中的"论"①，动词，意为谈论；"生人作死别，恨恨那可论"中的"论"②，意为说、说尽。此外，"论"在表示大数的约数时，也读 lún，如"那怕你上万论千，尽被他一气吞之"③。

————————

①杜甫．春日忆李白［A］．王思宇 等．唐诗鉴赏辞典（2）［C］．上海：上海辞书出版社，2017（478）.

叶嘉莹．给孩子的古诗词［M］．北京：中信出版集团，2021（82）.

② 无名人．古诗为焦作卿妻作（"孔雀东南飞"）［A］．〔南朝陈〕徐陵编．尚成 校点．玉台新咏［C］．上海：上海古籍出版社，2013（47）.

③吴承恩．西游记（下）［M］．北京：人民文学出版社，2000（609）.

（2）课文解读

原文：

一

知之为知之，不知为不知，是知也。

敏而好学，不耻下问。

默而识之，学而不厌，诲人不倦。

我非生而知之者，好古，敏以求之者也。

学如不及，犹恐失之。

吾尝终日不食，终夜不寝，以思，无益，不如学也。

解读：

①语录集萃

课文六段（句）话，如同《论语》一样，并非一独立成篇的完整文章。它是散见于多处的话语集萃，来自《论语》中的五篇，其中：第一、二段，分别来自《为政篇》《公冶长篇》；第三、四段，均来自《述而篇》；第五、六段，分别来自《泰伯篇》《卫灵公篇》。

②原文今译

一

知晓就是知晓，不知晓就是不知晓，这样才明智。

聪敏又喜好学习，不以向地位、学问不如自己的人求教问学为耻辱。

将所学知识默默记住。^① 学习永不满足，教导别人决不倦怠。

我不是生来就知晓知识的人，而是喜好钻研古代文化，勤勉去求索知识的人。

学习如果不到位，还恐怕将学到的也丢了。

我曾经整天不吃，整夜不睡，尽去苦想，没有益处，不如去学习。

说明：

a.第三段话"默而识之，学而不厌，诲人不倦"，"默而识之"后面为何不是句号呢？我们的译文，用了句号。

b.第五段话"学如不及，犹恐失之"，学界多解释为"学习就像追赶什么似的，生怕赶不上，学到了还怕会丢失"，有点不知所云。我们觉得这句话的意思是：学任何东西，都要"及"——学到位，不能浅尝辄止，更不能半途而废，否则恐怕是学了也白学，很容易丢失。

二

课文摘自朱熹《东听雨堂刊书·儒先训要十四种》中的《训学斋规》（亦作《童蒙须知》）一文。《训学斋规》，分衣服冠履、言语步趋、洒扫涓洁、读书写文字、杂细事宜等

---

① 黄艳. 学如不及 好之乐之——由《论语》看孔子的教育思想［J］. 名作欣赏，2007（04）：16.

目。课文系其"读书写文字"第四的部分内容。朱熹（1130—1200），南剑州尤溪（今福建省尤溪县）人，字元晦，号晦庵，晚称晦翁，南宋思想家、教育家，宋理学集大成者。他是唯一非孔子亲传弟子而享祀孔庙大成殿的人，位列大成殿十二哲。他逝后葬建阳县（今南平市建阳区）黄坑大林谷，荫及今日南平享誉中外的"朱子文化"。

（1）课文解读

原文：

二

　　余尝谓读书有三到，谓心到、眼到、口到。心不在此，则眼不看仔细，心眼既不专一，却只漫浪诵读，决不能记，记亦不能久也。三到之中，心到最急。心既到矣，眼口岂不到乎？

今译：

二

　　我曾经说过，读书要"三到"，即心思到、眼睛到、嘴巴到。如果心思不在书本，那么眼睛就不会仔细看。心思和眼睛既然不能专心一意，而只是"小和尚念经"，就决不可能记住，即使记住了也不能长久。"三到"之中，心思到位最为重要。专注的心思与勤勉的心态既然到位了，眼睛和嘴巴难道会不到位吗？

说明：a.在现代汉语中，"双百"方针、"三讲"教育、

"四有"新人等节缩词不胜枚举，它们都有引号，故我们的译文给三到加了引号，即"三到"。

b."漫浪诵读"，直译就是"随意地诵读"，意译就是"小和尚念经——有口无心"，后者更为传神。

c."心到"，不止心神集中，心思专注，还有勤勉、刻苦的心态。如果仅琢磨孤零零一句"余尝谓读书有三到，谓心到、眼到、口到"，罔顾下文，那是有他解的：我曾说读书有"三到"，即理解领会、默读、诵读（朗读）。这里，读书的价值（效用）梯度由高到低。"口到"是初始形态，"心到"是最高形态，也最重要。张志公先生更将之归于"朱熹再三强调、宋元以来人们一致奉行的'熟读精思'的原则"①。"心到"，代表精思。"心思专注"与"理解领会"，迥然不同。

（2）"三到"关系

课文中朱熹对读书"三到"的论述，只是说明了心到是前提、"心到最急"一个方面，其实，"三到"彼此间存在复杂的辩证关系。心到最重要，不仅体现在课文所阐述的前提性，而且反映在目的性。只有心到，才能眼到口到；眼到口到的目的，也是为了心到。如果没有心到，对书就可能视若无睹、旁若无"书"，有书也不去读，读了也是做做样子，不往心里去。反

---

① 张志公.传统语文教育教材论——暨蒙学书目和书影［A］.徐林祥.百年语文教育经典名著（第十二卷）［C］.上海：上海教育出版社，2017（103）.

之，没有书也会尽一切机会寻找书，小则留意商品包装、说明书与市面广告牌，大则伸入自然、社会两部大书，去观察（眼到），去分析、模仿（口到），沉浸在花香鸟语，滋养于世态人文。如果眼也到口也到，就是不能心到，那就毫无意义。况且，读书的根本目的，就是心到——将看到的、读到的内化于心，提高个人修为，进而外化于行，增强处世立身本领。眼到是途径，也是方式。读书必须眼到，眼不到口难开。人在读书成长的过程中，都是从训练眼到开始的。最初只能是仔细看、认真读，积累了一定的认字断句等知识后，就会达到粗看（浏览）一下就能畅读的程度。如果经过进一步的读书训练，熟练掌握默读技巧，那就无须口到，眼到就成了读书的方式。如果再进一步，达到"眼脑一体"的程度，那就眼到心也到。口到是基本方式，也是一般检验。读书的"读"，第一义项就是"看着文字念出声音"（《现汉》，P322），所以口到是最基本的方式。从人的成长规律来看，更是如此。读书学习，都从口到开始，因为读与"说"直接相关，口到能够训练语言能力，培养语感。口到，还是对能不能读、读得好不好的直接检验，这里除了最基本的识字之外，还有发音是否字正腔圆，节奏是否顿挫有理有度。

（3）"一""二"对比

课文《古人谈读书》之一与之二的内容，不在一个层面，前者高，后者低。"一"论述的是学习，学习是个人成长、人类进步的阶梯，是"道"，具有战略意义；"二"阐释的是读书，读书是学习的一种方式与途径，相对而言，是"术"，具有战术意义。"一"既揭示了学习的正确态度（第一、四段，"知之为知之，不知为不知，是知也"，"我非生而知之者，好古，敏以求之者也"），又揭示了学习的意义与重要性（第六段，"吾尝终日不食，终夜不寝，以思，无益，不如学也"），还揭示了学习的方式方法（第二、三、五段，"敏而好学，不耻下问"，"默而识之，学而不厌"，"学如不及，犹恐失之"）。"二"把"心到"说得很重，其实仅有"心到"是远远不够的，"一"里说得很清楚，"以思，无益"，只是心到——轻松去想，不去眼口到——辛苦付出，就不能摄取知识。而且，"一"中"敏以求之者也"的"敏"，也是对心到含义的极大丰富。总之，对比着读"一""二"，我们能够更加全面、准确把握课文内容。读书是学习，"下问""好古"也是学习。如果锚定读书的角度，"下问"是读他人之书，"好古"是读前人之书。"心到"，既在心思也在心态。

26　忆读书

　　《忆读书》，散文。作者冰心（1900—1999），福建福州人，原名谢婉莹，我国现代著名作家、翻译家、社会活动家，曾任中国文联副主席、民进中央副主席。1919年，她发表第一篇散文《二十一日听审的感想》和第一篇小说《两个家庭》，后者更是首次使用"冰心"笔名——取自唐朝王昌龄诗句"一片冰心在玉壶"。1923年，她进入燕京大学，毕业后到美国波士顿韦尔斯利学院攻读英国文学，三年后获得硕士学位回国。在此前后，冰心陆续发表总名《寄小读者》的通讯散文，后成为中国儿童文学的奠基之作。1946年，她被聘为日本东京大学第一位外籍女教授，讲授"中国新文学"课程，1951年回国。"文化大革命"期间，她受到冲击。改革开放后，冰心迎来一生第二次创作高峰。1980年，短篇小说《空巢》发表，并获全国优秀短篇小说奖。她的生命周期，几乎与二十世纪相始终，故有"世纪老人"之称。《忆读书》，作于1989年9月。本世纪初，《忆读书》开始进入初中语文教科书。

（1）《荡寇志》

　　课文是《忆读书》，主旨是"读书好，多读书，读好书"，并在两处提到《荡寇志》："但我觉得比没有人物个性的《荡寇志》要强多了。""……看了人物栩栩如生的《水浒传》就不会看索然无味的《荡寇志》。"由此，我们不难发现，作者没有把它放在好书之列，尽是负面评价。然而，反复批其低劣，恰恰证明了她当年是认真读过的。这就有必要更多了解《荡寇志》是部怎样的书，冰心又为何那么否定它。俞万春著《荡寇志》，据说三易其稿，历时22年：道光六年（1826）动笔，二十七年（1847）成稿，刊行却在他去世之后。咸丰三年（1853），《荡寇志》初刻本问世，咸丰七年又重刻，同治十年（1871）又有复刻大字本。《荡寇志》，可以说是作者个人生活的写照。俞万春（1794—1849），出生北京一官僚家庭。嘉庆十八年（1813），随父到广东任所。后来，他随父镇压当地农民起义，并由此知悉《水浒传》对造反的鼓动性。后来，又随父调桂阳，镇压梁得宽起义，官兵汇合鹿鸣关外的猿臂寨。《荡寇志》中陈希真集团聚义的地方同名正源于此。其间，他受父命，开始创作《荡寇志》。道光十二年（1832），他再次随父参与镇压起义。平定叛乱之后，他因功叙官，但却坚辞不就。父亲去世后，他隐居玉屏山下，行医杭州。道光二十二年（1842），英国侵略者进犯海疆，俞万春又献策军门，备陈战守器械，深受浙江巡抚刘玉坡赞赏。他晚年皈依佛门，道光二十九年（1849）无疾而终。新中国成立后的很长时期，《荡寇志》被当作反农民起义的文学毒草而遭讨伐。改革开放后，人们回到历史唯物主义的立场对待它。1981年，人民文学出版社新校点本《荡寇志》出版，其《校点说明》一方面仍然称"《荡寇志》可算是反动文学的代表之一"，另一方面又指其"文情交至，颇能动人"。1997年，张俊《清代小说史》既称《荡寇志》"宣泄了对农民起义军的刻骨仇恨"，同时又赞其结构严谨，情节发展环环相扣等。这些评论实际上延续了鲁迅、郑振铎等人的观点。无论如何，《荡寇志》的影响根本无法与《水浒传》相比，这"不单纯是模仿与超越的问题了，更涉及如何处理文学创作与政治功利关系的大问题"①。综上，认为《荡寇志》的人物刻画一无是处可能也是有失公允的。

然而，冰心为何对它那么不待见呢？我们想可能有这样几个因素：第一，相比《水浒传》，它的人物刻画确实有差距，续写小说难以企及原小说的高度（评价）可是普遍情况；第二，受阶级斗争分析方法的影响，作为歌颂农民起义伟大作品《水浒传》的对立面，无疑应是狗屎烂臭的；第三，《荡寇志》描写的是历史上封建反动统治者对两广黎民、瑶民起义的镇压，是否唤起了福建人冰心的反感？特别是，冰心的父亲谢

---

① 刘天振.《水浒传》"农民起义"说与《荡寇志》的学术命运［J］. 海南大学学报人文社会科学版，2007（01）：72-73.

葆璋也是军人，但他毕生致力强盛海军、抵御外侮。这与俞万春及其父亲的军旅使命大为不同。

（2）"那时"之辨

"那时"，指示代词，一般义为那时候，指过去的一段时间；特殊之义，存在于俗语"说时迟，那时快（述说来得慢，事情发展快）"之中，如"说时迟，那时快。武松见大虫扑来，只一闪，闪在大虫背后"①，代指所叙说的动作迅捷或事情发展快捷。一般意义上的"那时"，应该说使用极为广泛，但也很有讲究。对比统编语文教材四年级下册与五年级上册，我们看到了"那时"的用对，也发现了其使用的失当。"那时"用对，参见巴金《海上日出》："为了看日出，我常常早起。那时天还没有大亮，周围非常清静，船上只有机器的响声。"②句中的"那时"，显然指一天中的那个拂晓时段，天空似亮非亮，"鱼肚白"。阅读其下文，例文中的"那时"也无任何歧义。"那时"失当，出现在课文第3自然段，但孤立看此段，不能发现问题，必须把2—4自然段放在一起检视：

我会认字后不到几年，就开始读书。倒不是四岁时读母亲教给我的国文教科书，而是七岁时开始自己读……《三

① 教育部审定. 义务教育教科书·语文（五年级下册）[M]. 北京：人民教育出版社，2021（25）.

② 教育部审定. 义务教育教科书·语文（四年级下册）[M]. 北京：人民教育出版社，2021（64）.

国演义》。

那时，我的舅父杨子敬先生每天晚饭后，必给我们几个表兄妹讲一段《三国演义》……但是他讲了半个钟头，就停下去干他的公事了。我只好带着对故事下文的无限期待，在母亲的催促下含泪上床。

此后，我决定拿起一本《三国演义》，自己一知半解地读了起来，居然越看越明白……

从前两个自然段看，文中"那时"似乎指作者"七岁时自己读……《三国演义》"之年，而这与"那时"后听舅父讲《三国演义》的叙事直接矛盾。从第4自然段"此后，我决定拿起一本《三国演义》……"的内容判断，"那时"实际是指作者七岁之前。正是因为此前舅父每天一段《三国演义》吊足了作者的胃口，才促使她"七岁时自己读……《三国演义》"鉴于文中指示代词"那时"会造成理解上的时间混乱，我们认为，应当将其改为副词"曾经"，表示作者从前有过听舅父讲《三国演义》的情况，至于具体在什么时间，那肯定是在"此后，我决定拿起一本《三国演义》……"之前。"曾经"似乎比"那时"模糊，但替代在此例文中，却清晰、精当得多。

27　我的"长生果"

　　《我的"长生果"》，散文。作者叶文玲（1942—），浙江玉环人，我国当代著名作家、编剧，曾任浙江省作协主席、名誉主席。1955年，她初中时即在当地县办《玉环报》发表两篇小说。三年后，年仅16岁，她正式发表第一篇短篇小说《我和雪梅》。读高中时，因故辍学，后当过农民，做过企业工人、干部和教师等，但一直坚持文学创作。1979年，叶文玲加入中国作家协会，翌年《心香》被评为全国优秀短篇小说。1994—2004年，她先后因长篇小说《无梦谷》《秋瑾》和长篇传记文学《敦煌守护神常书鸿》三获浙江省人民政府"鲁迅文艺奖"，《秋瑾》更是佳评如潮。其间，她获全国首届"冰心散文奖"。她长于小说、散文创作，已有《叶文玲文集》（16卷本）出版。叶文玲作品，着力表现人的丰富心灵世界，感情真挚，清新流畅。《我的"长生果"》和《乌篷摇梦到春江》，早已进入国内多种版本的中小学语文教科书。二十世纪九十年代中期，《我的"长生果"》进入时为新版的初中语文教科书。

（1）"长生果"辨析

"长生果"，纵然固有花生（落花生）义，但从字面义的使用十分广泛，蔚为社会语言现象，把一切有利于健康、能延年益寿的果实均喻之为"长生果"，如松子、草莓、红薯、西红柿、猕猴桃，还有一种原产法国、类似我国无花果的"布蓝瑞克"，等等。因此，这些都可看作其本义。那种"把本来是花生的'长生果'望文生义地理解为使人长生不老的果子，随意作喻，不伦不类，违反了比喻要贴切的原则"的观点，是罔顾社会语言丰满现实的教条主义。①同样，叶文玲在引申的意义上，将其用之于"书"，亦无不妥。在她看来，"长生果"是"终生果"。她说："题目运用了比喻的修辞手法，我是想用一种更为形象生动的表达方式来告诉同学们，要热爱书籍，热爱阅读和写作。这些是让我们受益终生的东西。"②

"长生果"，不是"不老丹"，而是常吃长生。这就是说，读书不能一曝十寒，必须持之以恒。叶文玲用亲身经历给以有力的证明。试想一下，如果作者只有对"香烟人"小画片的阅读，她在三年级的作文能"常常居全班之冠"吗？如果作者在小镇文化站的"几百册图书"面前"辄止"，没有埋进"古今中外的大部头"，她固然会有作文"甲优"的佳绩，但

---

① 祝和斌.是"长生果"还是"人参果"［J］.中学语文，1999（11）：29.

② 胡媛媛.读好社会人生这部大书——访《我的"长生果"》作者叶文玲［J］.读写天地，2006（02）：6.

能有作文"被用大字誊抄出来贴在教室的墙上"的荣耀吗？能有她日后成就"大作家"的辉煌吗？

（2）读书与成长

《我的"长生果"》是叶文玲为《中学生阅读》杂志写的一篇文章，说明读书的重要性以及读书对于作文的决定意义。作者紧扣自己的成长历程叙事，夹叙夹议。作品以时间为经，以读物类型为纬，经纬交织，阶段清晰，真实展示读书与成长的线性联系。

附：

叶文玲少年时代的读书与成长轨迹

时 期*	读物类型	来　源	阅读状态	收　获	感　悟
最早约六岁一二年级	香烟人小画片	助威男孩游戏，赢家赚一大沓饱览	津津有味	（积淀）	—
后来	连环画小书	小学美术教师处有，哥哥朋友们送	如醉如痴忘了吃，忘了睡	与作品产生通感：《七色花》浮想联翩，《血泪仇》泪落如珠。（积淀）	—
又发现	文艺书籍	小镇文化站的小图书馆	囫囵吞枣不求甚解	自三年级后作文居全班之冠。扩展了想象力，《秋天来了》"甲优"	①构思要别出心裁，落笔要有与众不同的"鲜味"
后来约十五岁初三	大部头小说	学校图书馆	着迷，做笔记	锻炼了记忆力，增强了理解力。作文张贴上墙	②要写真情实感；③练习需要借鉴模仿；④打动人心在创造

说明： *作者叙述的读书生活所处时期，课文第2自然段交代清楚："在记忆中，少年时代的读书生活恰似一幅流光溢彩的画页……""少年时

代"，是指十岁左右至十五六岁。但作者早慧，五六岁即入学，故在其心目中此时即进入少年时代。

叶文玲入学时，小学学制应该还是"四二分段"，中学依然是3+3。[1]她十三岁初一时，就在县里《玉环报》上先后发表小说《夫妻间的小风波》和《七角钱》。1957年，她初中毕业，因其兄被错划右派的严重影响而不能入读高中，从而被迫走上社会。[2]是年，她十五岁，可能觉得就是少年时代结束的年代。

仔细梳理课文所包含的信息，除了作者所提的四点感悟之外，我们得到了更多启迪，应当将其与学生分享，并引导他们转化为自我成长的催化剂。第一，叶文玲在读书促进个人成长上的经历，反映了人类成长的一般规律。每个人的发蒙，都是从画片、绘本开始的，然后是文字书籍，由小书到大部头，这样一个链条过渡顺畅，乐此不疲，就很可能学有所成。第二，读书对个人成长的促进作用，不是立竿见影的，有一个从积淀到爆发的过程。叶文玲少年时代前两个阶段的积淀，是她后来逐渐爆发的基础。第三，读书效果的好坏，取决于"我要读"还是"要我读"。叶文玲是"我要读"，从最早的"津津有味"到后来的"如醉如痴"，到海量阅读（"囫囵吞枣，大有'不求甚解'的味道"），再到最后的对大部头"着迷""做笔记"，她在自我深度的精神投入中收获愉悦，收获精美的词语，收获作文的技巧，收获创作的灵感。第四，读什么类型的

① 吴锦，彭泽平. 新中国基础教育学制改革：历程、经验与展望［J］. 教育与教学研究，2015（10）：3.

② 徐忠友."十驾斋"主叶文玲的"无尽人生"［J］.名人传记（上半月），2010（08）：43-44.

书是因人而异的，顺应内心的召唤很重要，诚如爱因斯坦所说："兴趣是最好的老师。"读什么书结什么果。叶文玲读文艺书籍、大部头小说，所以她成为大作家。我们要鼓励学生大胆发展自己的良好兴趣。第五，历史的真实不等于现实的真实，叶文玲的真实不等于学生们的真实。叶文玲成长在新中国诞生初期，脱胎于积贫积弱的旧中国，大约在上学时还在以一睹"香烟人"小画片为快，七八岁还要想方设法找书读，我们今天的学生们，从幼儿园开始就拥有大量绘本，上了小学，学校里都有成千上万册的图书，且种类繁多。要引导他们深思：处在这样一个图书充栋的美好时代，有什么理由不去认真读书、努力成就未来呢！

（3）疏解词语

▲我们女孩只落了个眼羡的份儿。

"眼羡"，古人是紧邻着用，如"少陵泛爱虚名句，羡杀寒儒眼不寒"①，"秋光满眼无殊品，笑傲东篱羡尔荣"②，

---

① 〔宋〕杨万里. 谢潭帅余处恭左相遣骑惠书送酒三首（其二）〔A〕. 王琦珍 整理. 杨万里诗文集（上）〔C〕. 南昌：江西人民出版社，2006（695）.

又：有文献将该诗诗题中的"帅"写作"师"，但据王琦珍点校，采"底本用'师'有误"说，用"帅"。同上，第62页。

②〔明〕唐寅. 周道振，张月尊 辑校.题菊花三首（其三）〔A〕. 唐伯虎全集〔C〕. 杭州：中国美术学院出版社，2002（147）.

"枕上心魂疑岸狱，眼中眠食羡妻孥"①。"眼羡"，眼中羡慕，渴望得到（而得不到），实际近乎"眼馋"——"看见自己喜爱的事物极想得到"（《现汉》，P1509）一词。其实，"羡"是内心活动，"眼"是外在表现，可以是先眼看而后内心羡慕，也可能是先心生羡慕而后望眼欲穿或故意不正眼相看。孩子天真烂漫而无邪，心里喜欢，眼睛就毫不掩饰表现出来。是故，"眼羡"用在孩子身上，是恰如其分的。那么，"眼羡"一词首先出自何处呢？难道就是叶文玲的《我的"长生果"》？我们无从准确考证。

---

①〔清〕张问陶. 观我四首（病）［A］. 船山诗草（下册）［C］. 北京：中华书局，2008（467）.

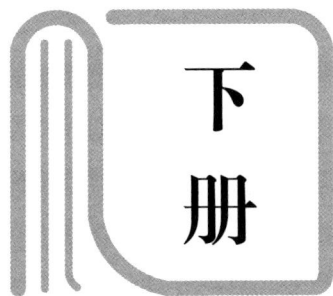

下册

第一单元

1 古诗三首

四时田园杂兴（其三十一）

　　《四时田园杂兴六十首》，七绝。作者范成大（1126—1193），平江府吴县（今江苏省苏州市）人，字至能，早年自号此山居士，晚年号石湖居士，南宋名臣、文学家。他一生数度任职庙堂，殚精竭虑，兴利除弊，但真正名垂青史的则在文学成就，"素有文名，尤工于诗"，与杨万里、陆游、尤袤合称南宋"中兴四大诗人"，也即"南宋四大家"。他晚年致仕归隐故乡，结庐石湖之畔，度过长达十年较为闲适而优渥的晚年生活。他在范村购置旧舍七十楹，悉心建设新家园，莳花弄草，使村内花木扶疏，梅兰竹菊尽有，梅菊尤甚；心得颇丰，成书《范村梅谱》《范村菊谱》，亦成就古代园艺名家，园艺名著。风雅的范村吸引杨万里、姜夔、周必大等无数名士酬唱往返。山水之胜更兼田园之美，让诗人沉浸其中，终达田园诗的巅峰，"也算得中国古代田园诗的集大成"①。淳熙十三年

---

　　①钱锺书. 宋诗选注［M］. 北京：人民文学出版社，2017（212）.

（1186），范成大写下最后的名作《四时田园杂兴六十首》。绍熙三年（1192）前后，主编完成《吴郡志》，卷四十《仙事》铸就范村美名。四年，于病中自我编就诗文全集，并经其子托杨万里作序。宋朝三百年，苏州唯"二范"高居参知政事，青史留名：一为北宋文正公范仲淹，另一即为南宋文穆公范成大。2019年，《四时田园杂兴》（其三十一）开始进入统编小学语文教科书。

（1）诗文今译

原文：

四时田园杂兴（其三十一）

昼出耘田夜绩麻，村庄儿女各当家。

童孙未解供耕织，也傍桑阴学种瓜。

译文：

① 解释性译文

吟咏四季田园的诗（第三十一首）

村里的大人们勤劳、各当各的家，白天出门到田间除杂草，夜晚回家搓麻绳；孩童们虽不懂如何耕作与织布，也会到桑田里像模像样学习种瓜。

说明：对于童孙而言，因体力与技能的限制，他们还无法从事耕田织布这些体力活、技术活，但对只需开洞、点种（丢瓜种）、盖土的简单劳动种瓜，他们可是跃跃欲试，也会凑过来跟着大人们学习。"也傍"，固然有"童孙"自发的游戏意味，但也不排除被动的、受"村庄儿女"驱使前去学习的可能。或被当作帮手，带着一起劳动；或被带在身边照护，任凭他们放飞自我，模仿"村庄儿女"，做些力所能及的农活。"学种瓜"之"学"，并非真的学习本领，而是释放模仿天性。"蓬头稚子学垂纶"之"学"，亦如此。①

②译诗

四季田园诗系列·第三十一首

村庄里的大人们，

勤劳兴家——

白日地里除草，

夜晚闭门搓绳用麻；

孩童们，

哪甘落下——

不能耕田织布，

也到桑田争相种瓜。

说明："新诗和旧诗以及词曲不同的地方只在诗体上，只在'诗体的解放'上"，"解放的结果是逐渐合于'语言之自然'"。②当然，胡适认为，以诗译诗还必须保持"原诗的具体性"——"明显逼人的影像（形象）"。在此基础上，新

---

① 过常宝. 稚子之心 自在之境——诗歌二首赏析［J］. 小学语文，2018（11）：5.

② 叶绍钧，朱自清. 精读指导举隅［A］. 徐林祥. 百年语文教育经典名著（第九卷）［C］. 上海：上海教育出版社，2017（66，67）.

诗保有韵味也是提倡的。译诗与原诗，人物、劳作等具体形象不变，且基本同韵，只是多了"下"。译诗的过程，也是深度挖掘原诗含义的过程。"孩童们，哪甘落下"，体现了孩子们跃跃欲试，希望早日长大、像大人一样做事的天真烂漫，给村庄农家平添无限的温馨与乐趣。这一意趣，在原诗表现并不明显。第三句中的"地里"，原拟用"田间"，因该诗最后两句都很难避免使用"田"，为减少用字重复而作出修改。"学"，译之以"争相"，让孩童的顽皮跃然纸上。

（2）品味赏析

"要鉴赏文艺，必须驱遣我们的想象。……如果拘于有迹象的文字，而抛荒了言外之意、弦外之音，至多只能够鉴赏一半；有时连一半也鉴赏不到，因为那没有说出来的一部分反而是极为重要的一部分。"[①]"也傍桑阴学种瓜"，"傍桑阴"直译是"靠近桑树阴凉"，实际意指"到（在）桑树底下""到（在）桑田里"。桑树底下（桑树田）种瓜，是农业套作的基本做法，上部植桑以养蚕，地面套作种香瓜、梢瓜之类。"也"表并列关系，与"村庄儿女"并列，表明村庄儿女"傍桑阴种瓜"，童孙是"也傍桑阴学种瓜"。

范成大的诗"流露着浓郁的平民意识和诗家的人文精神，融生活化的乡土气息与典雅化的书卷气息为一体，为山水田园

---

① 叶圣陶集·揣摩集（第10卷）［M］．南京：江苏教育出版社，2004（32）．

诗开拓了新的境界"①。《四时田园杂兴（其三十一）》中"村庄儿女""童孙"的称呼，凸显作者的村庄老人口吻、长辈语气，亲切而随和。

稚子弄冰

《稚子弄冰》，七绝。作者杨万里（1127—1206），吉州吉水（今江西省吉水县）人，字廷秀，号诚斋，南宋著名诗人、大臣，文坛与范成大等齐名。因其书房号曰"诚斋"，故世称"诚斋先生"。杨万里一生诗作甚丰，不下两万首，传世之作多达四千二百首，被誉为一代诗宗。他诗语浅近清新，幽默谐趣，以"诚斋体"享誉诗坛。其诗自然质朴，草根疾苦、爱国情愫尽在其中，诗作多以《诚斋集》传世。2019年，《稚子弄冰》开始进入统编小学语文教科书。

（1）诗文今译

原文：

稚子弄冰

稚子金盆脱晓冰，彩丝穿取当银钲。

敲成玉磬穿林响，忽作玻璃碎地声。

---

① 施伟萍. 山水田园，范成大的精神家园——品鉴《四时田园杂兴》六十首[J]. 名作欣赏，2012（08）：77.

译文：

①解释性译文

小孩子玩冰

　　早晨，小孩子发现铜盆里的水结成了冰，就把它倒出来，然后钻个孔洞，穿上彩色丝线，当作银色的钲提在手上①，边走边敲，玉磬般的脆响穿越树林。忽然，咔嚓——像玻璃破碎一样，碎了一地。

说明：在课文今译的过程中，我们作了必要而合理的发挥与补充。由于古诗语言凝练，省却了很多细节，故在解析时，需要借助想象一定程度还原生活，让人物形象丰满坚实。我们补充了"倒冰""提溜""边走边敲"和拟声词"咔嚓"等细节。因为孩子的一个重要心理就是喜欢引起大人的注意，喜欢显摆，他不会在捣鼓出一个漂亮"银钲"的情况下，满足于在屋子里敲。更何况，在屋里敲，也不会"穿林响"。玻璃破碎的声音，有咣当、咔嚓等，鉴于古代缺乏硬质地面，稚子很可能只是在土路上行走，因此用了"咔嚓"。

②译诗

小孩玩冰

小孩，晨扣铜盆捧圆冰，

---

　　①钲，打击乐器，青铜制，用于行军征战途中，作用同号鼓，如：〔唐〕权德舆《奉使丰陵职司卤簿，通宵涉路，因寄内》："殳铤（shū chán）方启路，钲鼓正交音。"

彩线正巧穿，提溜当银钲。①

敲击，声穿树林玉磬响，

玻璃般忽碎，咔嚓嚓一地。

说明：a.译诗，虽然是译为现代诗，但必须保持语言的简练。诗中的"银钲"通过加脚注来释义，而"玉磬"一词是可以直接入现代诗的。

b."稚子"，教材脚注"幼小的孩子"，不甚妥帖，因为易让人想到幼儿，而0—6岁的孩子一般不会有诗中所描述的生活体验与动手能力，故释为"小孩（子）"更为宜。"稚子"也可直接注释为"稚嫩的孩子"。值得注意的是，"稚子"是年龄意义上的，绝非排行意义上的，即一般不能把"稚子"理解成"长子、二子……幼子"中的"幼子"。

c."钲"，似倒置的钟，装有手柄举在手中。诗中的"银钲"是穿彩线的，显然不能举在手中，只能"提""提溜（dī liu）"在手上。"提溜"更能体现孩童顽皮的一面。

d."彩丝"，我国古已有之的民俗物品，至少到二十世纪八十年代我国广大农村依然常见。"彩丝"，就是指红的、绿的等几道彩色丝线编织在一起的粗彩线，为端午日应节之物。汉应劭《风俗通义》即有记载："五月五日以五彩丝系臂，名'长命缕'，一名'续命缕'。"在唐代，端午日宫中还常以彩丝所结长命缕赐予诸臣。诗中所言稚子，能用手中的彩丝穿提"银钲"，亦可见不大可能是幼儿。

---

①"银钲"，用冰仿制的钲。

（2）品味赏析

《稚子弄冰》是一首七言绝句，对冬日孩子玩冰的刻画惟妙惟肖。"脱""穿""当""敲"，稚子的顽皮与对生活的模仿、拥抱尽在其中。该诗文字浅显直白，却情趣盎然，反映了作者对孩童天真活泼、自由生长的赞许。"诗学"是传统语文教育的一部分，也是现代语文教育需要发展的。通过教学，我们要把这首诗的"情""志""灵"传递给学生："情"，在放飞自我的娱乐之情；"灵"，在"彩丝穿取""敲成玉磬"的机灵与聪慧；"志"，没有那么崇高，但揭示了生活之于诗的真谛，大可启发为文作诗之志。描写孩童野趣灵性，也是道家或田园派诗人的常规选材与普遍偏好。据研究，该诗大约作于宋孝宗淳熙六年（1179）春。十三年后，杨万里辞官归故里，"自此幽屏，便与世绝"。又过了十四年，他与世长辞。

村晚

《村晚》，七绝。作者南宋雷震，生平不详：一说眉州（今四川眉山）人，宋宁宗嘉定年间进士；一说南昌（今江西南昌）人，宋度宗咸淳元年（1265）进士。其诗见《宋诗纪事》卷七十四。《村晚》为七言绝句，全诗四句，虽在押韵、粘对等方面有格律要求，但可以不拘对偶，因而构写比较自由。它篇幅短小，语句精练含蓄，多言外之音；讲究声律，抑扬顿挫，宜低吟高诵。自唐代以后，七绝主题广泛，名篇佳句甚多，课文《四时田园杂兴》（其三十一）、《稚子弄冰》即是明证。本世纪初，《村晚》进入义务教育语文教科书。

（1）诗文今译

原文：

村晚

草满池塘水满陂，山衔落日浸寒漪。

牧童归去横牛背，短笛无腔信口吹。

译文：

① 解释性译文

乡村的晚景

　　塘边绿草繁茂，池水丰足充盈。通红的太阳西下山谷的景象，倒映在泛着涟漪的清凉池水。放牛娃快活地晚归，一边横坐在牛背上，一边不着调地随口吹着短笛。

说明：在解释全诗的过程中，我们合理想象，补充完善了一些细节，如"繁茂""通红的（太阳）""快活"等。

② 译诗

村晚

池塘，绿草繁茂相掩，水丰几溢陂，

青山衔红日，映一池涟漪清凉水。

牧童，晚归恁逍遥，横坐牛背，

稚手持短笛，漫无曲调劲吹。

说明：现代诗的诗体，原则上是自由的，但往往也有非常整齐的排列格式。本诗四句，采取逐句减一字的排列格式。《小孩玩冰》也是四句，采取一、三和二、四句分别字数相等、格式一致的排列。《四季田园诗系列·第三十一首》则是八句，采取前后四句两段式的格式对应排列。

（2）品味赏析

翻译的过程，就是赏析的过程。赏析《村晚》，有两个难点：一是首句中的"草满池塘"，二是第二句中的"寒漪"。"草满池塘"，单纯就字面理解，确实首先是"水草长满池塘"，但如果联系下文"山衔落日浸寒漪"，那长满水草的池塘怎么能倒映"山衔落日"呢？何况，绿草掩映的池塘要比长满水草的池塘，更美，更有意境，更能入诗。长满水草的池塘是原生的池塘，虽粗犷却芜杂；绿草掩映的池塘是村庄里的池塘，人化的池塘。因此，"草满池塘"应是塘边绿草繁茂。诗题中的"村晚"，实际指夏日村晚，夏日才会水草丰美，教材插图中牧童短袖短裤的穿着也印证了这一点。但是，夏日何以有"寒漪"呢？寒与暑相对，虽然是夏日，但夏日山区里的村庄也有清凉的一面，绿草掩映的池水自然格外清凉，故使用"寒漪"是完全合理的。综上，对"草满池塘"与"寒漪"的疏解，实际涉及很多知识，而"语言、思想、知识"都是语文教学应有的内容①。

---

① 刘国正.语文教学的"实"和"活"［A］. 刘国正，曹明海. 名家论语文丛书［C］. 济南：山东教育出版社，2021（14）.

2　祖父的园子

　　《祖父的园子》，小说，选自《呼兰河传》。作者萧红（1911—1942），黑龙江省哈尔滨市呼兰区人，乳名荣华，本名张秀环，笔名萧红、悄吟等，我国现代女作家，被誉为"三十年代的文学洛神"。她与萧军、端木蕻良、鲁迅、茅盾、聂绀弩、叶紫、胡风、丁玲、艾青等知名作家，均有交集。1935年，在鲁迅支持下发表成名作《生死场》。1940年9—12月，长篇小说《呼兰河传》在《星岛日报》副刊《星座》连载。现在，哈尔滨市为纪念她，将其曾经就读的小学更名为萧红小学。本世纪初，《祖父的园子》进入义务教育语文教科书。

　　（1）"太阳"与"天空"

　　"教材文本是教学之本……每一个教材文本的教学资源都是……丰富的、可进行多层次发掘的"，语体、语象、语意作为统一体而客观存在。发掘语意层，就是把握理解性教学内容。[1]这是最能检验教师慧眼与睿智的核心层次。"太阳"与"天空",在课文中具有重要意义。理解了"太阳""天空"在文章中的意义,就把握了作者的性格特征,也就抓住了作品的主要意旨,并使课文后的习题二迎刃而解。课文最后的三分之一,对太阳与天空的表述意味深长,虽然着墨不多,但神圣崇高,且位置显要。撇开文章中间部分因对话而多出的若干自然段不谈,从第15自然段开始至文章结束,太阳与天空集中出现。第15自然段,如何理解首句"太阳在园子里是特别大的,天空是特别高的"?如何理解第3句"凡是在太阳下的,都是健康的、漂亮的"?我们认为,首句赞美了太阳的崇高——万物在太阳底下生长,天空的广阔——天空下一切皆可能;第3句歌颂了生活的美好,"蚯蚓""蝙蝠"这些丑陋的动物见不得太阳,但"我"可以在太阳底下自由地"拍手""叫",而且都有回响。第16自然段,更是讴歌了太阳下的自由自在,"黄瓜愿意开一朵花,就开一朵花……就是……一朵花也不开,也没有人问它","蝴蝶随意地飞……又要飞到谁家去?太阳也不知道"。第17自然段,更是只有简短的一句话,"天空蓝悠悠的,又高又远"。这就是作者向往的生活,无拘无束,从而表明"祖父的园子"正是作者的精神家园。事实上,她的生活轨迹就是如此,充满对个人乃至民族不幸命运的抗争。

---

[1] 曹明海.语文课程的根与本[A].刘国正,曹明海.名家论语文丛书[C].济南:山东教育出版社,2021(193-200).

（2）蝴蝶种类

"我们不是说语文教学中不要质疑或不能质疑，而是说质疑、释疑都要有文本的依据，在文质兼美的课文中有哪些语言提供了依据，而不能简单地用自己的个人感受代替文本作者的感受。"[①]联系课文第1自然段，"蝴蝶有白蝴蝶、黄蝴蝶。这种蝴蝶小，不太好看。好看的是大红蝴蝶，满身带着金粉"的描述，让人不禁产生这样的疑问：白蝴蝶、黄蝴蝶是一种吗？大红蝴蝶与它们不是一种吗？

蝴蝶，属于鳞翅目昆虫中的蝶亚目，下含12科：凤蝶、绢蝶、粉蝶、斑蝶、环蝶、眼蝶、蛱蝶、珍蝶、喙蝶、蚬蝶、灰蝶和弄蝶科。其中，粉蝶科蝴蝶，中等大小，颜色以暖白、黄等暖色调为多，少数为红色或橙色。它的寄生植物有十字花科、蔷薇科、豆科等。《祖父的园子》所涉植物，樱桃树、李子树属于蔷薇科，小白菜（还有其他的一些"菜"）属于十字花科，这些为粉蝶提供了良好的生态环境。仔细对照蝴蝶图谱，我们发现：课文中出现的"白蝴蝶""黄蝴蝶""大红蝴蝶"，均属于黑龙江省常见的粉蝶科蝴蝶，但又系其中的不同属、种。白蝴蝶，系粉蝶属菜粉蝶种；黄蝴蝶，系黄粉蝶属尖角黄粉蝶种；大红蝴蝶，系豆粉蝶属镏金豆粉蝶种，

---

① 倪文锦.语文教学反思轮[A].刘国正,曹明海.名家论语文丛书[C].济南:山东教育出版社,2021(24).

因为它"满身带着金粉"。①显然，白蝴蝶、黄蝴蝶不是一种蝴蝶，大红蝴蝶与它们当然也不是一种蝴蝶，三种蝴蝶只是属于同一科——粉蝶科。因此，为表述严谨，可对例文做小幅度的修改，即："蝴蝶有白蝴蝶、黄蝴蝶，这些蝴蝶小，不太好看。好看的是大红蝴蝶，还满身带着金粉。"末句有必要加"还"，否则，大红蝴蝶就很容易理解成金蝴蝶。

（3）分号用法

分号的停顿时间比逗号长，在逗号不能准确表示分句之间的层次关系时，就必须用分号。分号常作为排比句的重要体现，复句排比应当用分号。课文第3自然段中的一段叙述——"这榆树在园子的西北角上，来了风，榆树先呼叫，来了雨，榆树先冒烟"。如果巧用分号，则能彰显排比句的存在，并有效增强语句的节奏感。例文的夸张手法十分生动，突出说明作者的故乡多西北风，但是在标点符号的使用上，按照当前的标准，不够完美，应在"来了风……"与"来了雨……"之间用分号，即："这榆树在园子的西北角上，来了风，榆树先呼叫；来了雨，榆树先冒烟。"

（4）推敲结构

天空蓝悠悠的，又高又远。

---

①周尧. 中国蝴蝶原色图鉴［M］. 郑州：河南科学技术出版社，1999（103-129）.

可是白云一来，一大团一大团的，从祖父的头上飘过，好像要压到祖父的草帽了。

我玩累了，就在房子底下找个阴凉的地方睡着了。不用枕头，不用席子，把草帽遮在脸上就睡了。

例文系课文最后三个自然段，即第17、18、19自然段。其实，第18、19自然段并不长，一共3句话，共70个字，对课文总的篇幅影响不大。我们认为，如果只保留第17自然段"天空蓝悠悠的，又高又远"，而将最后两个自然段删除，可能不失为一个好思路——使课文的意义更为高远，也使文章的结尾更为干净、有力。

3　月是故乡明

　　《月是故乡明》①，散文。作者季羡林（1911—2009），山东临清人，字希逋，又字齐奘，国际著名印度学家，我国杰出的语言学家、文学家、佛学家、史学家、教育家和社会活动家，历任中科院哲学社会科学部委员、中国社科院南亚研究所所长，北京大学副校长、终身教授，与饶宗颐有"南饶北季"之称。他学贯中西，尤精梵文、巴利文、焉耆—龟兹文，享誉世界；卷帙浩繁，《季羡林文集》凡24卷；治学严谨，虚怀若谷，对"国学大师""学界泰斗"等名头颇不以为然。他的散文"淳朴恬淡，本色天然"。《月是故乡明》写于1989年11月，后编入《季羡林散文精选·悲喜自渡》（江苏凤凰文艺出版社2019年版）之中。2019年，《月是故乡明》开始进入统编小学语文教科书。

---

　　①"月是故乡明"，源自杜甫《月夜忆舍弟》："露从今夜白，月是故乡明。"

（1）揭示情趣

▲有时候在古柳下面点起篝火，然后上树一摇，成群的知了飞落下来……我天天晚上乐此不疲……

加强学生文学精神的修养，是阅读教学的重要使命。"我们除对于人类，发见其深切之意义外，对于自然，又发见其生命之所在，因而对于人生，发见其价值，而充实其意义。"[①] 对话《月是故乡明》，要注意发掘其深藏的文学意义。"蝉""古柳"，除了切近作者生活之外，应当还具有物候符号（象征）意义。蝉（知了），在我国传统文化中占有重要地位。蝉声与《诗经》一样悠远。《诗经·小雅》："菀彼柳斯，鸣蜩嘒嘒。"（蜩即蝉）郭璞《蝉赞》云："虫之清洁，可贵惟蝉，潜蜕弃秽，饮露恒鲜。"韩愈《题张十八所居（籍）》云："蛙讙桥未扫，蝉嘒门长扃。"陆游《思故庐》云："柴门入幽梦，落日乱蝉嘒。"袁枚《所见》云："牧童骑黄牛，歌声振林樾，意欲捕鸣蝉，忽然闭口立。"蝉的寓意好，知足常乐、缠绵久长、清除污秽……深受古人喜爱。蝉纹是我国古代青铜器中的常见纹饰，房山琉璃河西周遗址、老山汉墓，分别出土有玉蝉、蝉纹白玉带钩。蝉，因为长相憨头憨脑、叫声响亮等，给孩子增添无穷乐趣。捉知了，是传统的儿

---

①袁哲．国语读法教学原论．徐林祥.百年语文教育经典名著（第八卷）［C］．上海：上海教育出版社，2017（79）．

童娱乐项目。因为趋光，夜晚知了受到惊扰就会飞向篝火，孩子们因而唾手可得。捉了知了，不光自己赏玩，还能用它特有的一对声囊来吓唬同伴，打闹嬉戏。现代社会，孩子们越来越难以想象捉知了的意义与趣味。"入伏粘知了，立秋抓蚂蚱"，还有逮"老牛"、捉蛐蛐，渐渐成为过去的事，取而代之的是玩滑板、溜旱冰、秀街舞……《月是故乡明》，作者自然而然地畅谈儿时捉蝉的场景。其实，"古柳"一词确有典故，可让人回望历史。至于说那柳树，是否真的是古柳？古到什么程度？都是不重要的。《吕氏春秋·期贤》就载有树下点篝火捉知了的方法，可见作者的童年一如古人的童年，质朴而兴致盎然。

（2）疏解词语

▲几个大苇坑占了村子面积的一多半。

"苇坑"，苇塘，长满芦苇的池塘。如果"大苇坑"足够大，就是"芦荡"了。"一多半"，冀鲁方言，一半多。

4　梅花魂

《梅花魂》，散文。作者陈慧瑛（1946—)，出生于新加坡，别名莺儿，祖籍福建厦门，民族英雄陈化成将军的嫡系五代孙，外祖父系新加坡知名侨领、儒商洪镜湖。她是归侨，1959年从新加坡（即"星岛"）回国。陈慧瑛是知名作家、诗人，1989年代表作《无名的星》荣获中国作家协会"全国（七十年）优秀散文集"大奖。作品集《梅花魂》，2014年由人民教育出版社出版。她多篇散文作品，入选国内不同版本小学语文教材。1998年，《梅花魂》进入义务教育语文教科书。

疏解词语

　　▲我很小的时候，外祖父常常抱着我，坐在花梨木大交椅上，一遍又一遍、不厌其烦地教我读唐诗宋词。

家有"花梨木大交椅"，说明主人的富足、风雅与对中国传统文化的热爱。在例文中，它是"读唐诗宋词"的理想道具。"花梨"一名，在明清至民国初期，都是指当今的"黄花梨"。古谚语"人分三六九等，木分花梨紫檀"中的"花梨"，亦如此。黄花梨木，学名降香黄檀木，又名海南黄檀木、海南黄花梨木。黄花梨，色泽黄润、材质细密、纹理柔美、香气沁人，备受达官贵人、商贾文人青睐，是明清硬木家具的上等用材，也是民国以后古玩藏家的至爱。交椅，起源于古代的马扎，也可以说是带靠背的马扎，是行军打仗、狩猎中统领们的坐具。在等级森严的封建社会，坐交椅象征身份、地位的高贵，"坐第一把交椅"也就意味是首领。后来，交椅逐渐演变成厅堂家具，其交叉折叠的椅足失去原有的野外功能，而被常规的直足取代，这便成了"圈椅"。传世至今的明式交椅，以黄花梨最为珍稀。课文中外祖父的"花梨木大交椅"，甚至日常生活都在使用，可见他"在星岛……颇负盛名"，"家有不少古玩"绝非虚言。事实上，作者的外祖父洪镜湖先生是清朝举人，作为二十世纪四五十年代新加坡著名富商、爱国华侨，名噪一时。

▲唯独书房里那一幅老干虬枝的墨梅图，他分外爱惜，家人碰也碰不得。

历代画家，墨梅者无数，留下了很多名作。所谓墨梅图，即用墨笔勾勒、点染出来的梅花。元代王冕（？—1359，浙江诸暨人）纸本《墨梅图》、明代王谦（生卒年不详，浙江杭州人）绢本《墨梅图》和清代恽寿平（1633—1690，江苏武进人）设色纸本《墨梅图》等都非常有名，前两者现藏北京故宫博物院。王冕，尤工墨梅，晚年画梅臻于化境。王谦的《墨梅图》，虬干挺拔，具有坚忍不屈之势；梅花怒放，给人暗香浮动之感。恽寿平，创立常州派，为清朝"一代之冠"，以潇洒秀逸的用笔直接点蘸颜色敷染成画，重形似又不囿于形似，墨梅充满文人画的情调与韵味。课文中的墨梅图，一定也是出自古代大家。

▲她却不一样，愈是寒冷，愈是风欺雪压，花开得愈精神，愈秀气。

"风欺雪压"，风雪欺凌、压迫，例文用"愈是风欺雪压……开得愈精神"的拟人手法，充分表现梅花傲立风雪、顽强而崇高的品格。外祖父用梅花的秉性，教育"我"要有中国人的气节。

第二单元

5　草船借箭

　　《草船借箭》，小说，改写自古典长篇小说《三国演义》第四十六回。作者罗贯中（约1330—约1400），山西祁县人，名本，字贯中，号湖海散人，元末明初小说家，主要作品有《三国志通俗演义》（即《三国演义》）、《隋唐两朝志传》、《残唐五代史演义》、《三遂平妖传》等。《三国演义》在中国文学史上具有重要地位，对后世文学发展影响深远。它"文不甚深、言不甚俗"，语言简洁明快，历史与文学相融合，既切入史实，又赋予浓厚浪漫主义色彩。罗贯中是我国章回小说的鼻祖，作品分章叙事、分回标目，前后勾连、首尾相接，全书段落整齐、完整有序。他的章回小说保存了宋元话本开场诗开头、散场诗结尾的体例，正文常以"话说"两字起首，用"欲知后事如何，且听下回分解"套语煞尾情节紧要关头，中间多引诗词曲赋来描写场景、臧否人物。他凸显文学上的创新性：情节结构兼具线性流动与网状交叉，曲折而新奇；小说语言生动活泼，半文半白，口语化而不失凝练……这些特点极大推动了后世白话小说的长足发展。

在中国文学史上，围绕罗贯中也存在一些重要谜团，其中之一，就是罗贯中、施耐庵、《水浒传》三者间的关系。主流的观点认为，施耐庵、罗贯中同处元末明初，都曾参加张士诚起义，但施耐庵年长二三十岁，两人系师徒关系，《水浒传》是施自撰一稿，罗修订一稿。还有一种基于鲁地方言分析的意见认为，由于《水浒传》在明初是禁书，不能实名出版，故可能托名"施耐庵"出版。"施耐庵"，用山东方言顺着说是"实乃俺"，倒着说是"俺乃是"，而据当时作家撰书署名的一般习惯"施耐庵—罗贯中"，其潜台词就是"实乃俺罗贯中"。这确实很有意思。如果从作家作品匹配的角度来分析，罗贯中多一部《水浒传》也正常，否则，皇皇巨著的作者施耐庵怎么就传世一部高水平作品呢？早在二十世纪八十年代初期，《草船借箭》即进入初等教育语文教科书。

（1）检视题目

《草船借箭》是一个经典的故事、经典的标题。但如何理解其中的"借"呢？我们认为，应从"借"的本义与"借"在文中的实际意义两个层面来分析。就"借"的本义而言，它有借进、借出、凭借等义项，题目中的"借"当然是借进。罗贯中"草船借箭"，其中的"借"可谓神来之笔，既刻画人物（诸葛亮）假敌之手的睿智，又体现文笔的诙谐生动。

曹操绝非心甘情愿慷慨出借，而是中了圈套竭力相送。既然"借进"，就有"还回"，等到周曹大战打响，自然会把那些箭"还"回去。其实，名为"还"，实为用它攻击——"射击"回去。就"借"在文本中的实际意义而言，它用谐谑的口吻，凸显诸葛亮的神算和对一代枭雄曹操的嘲弄，义为"骗取""诈取"，《草船借箭》也就是《借草船诈箭》（借，凭借）。《草船借箭》，是从赞赏诸葛亮的角度给定的题目。"借"，是题眼。[①]

（2）厘清情理

贸然看去，课文第2、3自然段于情理不通。课文第2自然段，叙述清晰，周瑜有请诸葛亮帮忙造箭。"周瑜请诸葛亮商议军事，……周瑜说：'……现在军中缺箭，想请先生负责赶造十万支……'……周瑜问：'十天造得好吗？'……诸葛亮说：'只要三天。'……周瑜很高兴，叫诸葛亮当面立下军令状，又摆了酒席招待他。"周瑜原本想请诸葛亮十天造十万支箭，但诸葛亮保证三天内造出，周瑜当然欣喜若狂，也当然该全力支持。但第3自然段的叙述则非常有悖常理，"周瑜说：'……我得吩咐军匠们，叫他们故意迟延……到时候造不成，定他的罪，他就没话可说了。'"周瑜竟然巴不得诸葛亮完不

①杨九俊主编. 名师教语文. 深度解读与学习设计（五年级下册）[M]. 上海：华东师范大学出版社，2021（54）.

成任务，岂不是把定罪诸葛亮看得比与曹军交战更重要！他这不是在跟己方过不去，干亲痛仇快的事情吗？完全不合情理。因此，需要引导学生回头细读文本，特别注意仅10个字、一句话的第1自然段："周瑜对诸葛亮心怀妒忌"。原来，周瑜要故意为难诸葛亮，打击诸葛亮，包括第2自然段中的"很高兴""又摆了酒席招待他"，都是假装的，其真实意图就是给他"做局"。事实上，果真如周瑜所言，故意给诸葛亮设障，届时定他的罪，不正授人口实吗？诸葛亮岂能"没话可说"？周瑜是想在暗地里整诸葛亮。这个故事，让我们从一个侧面有了对"既生瑜何生亮"的理解。

（3）疏解词语

▲诸葛亮说："怎么敢跟都督开玩笑？我愿意立下军令状，三天造不好，甘受重罚。"

"军令状"，汉语特有词汇，体现中国的一种传统文化。顾名思义，它源于军队作战中的责任落实，指一级指挥官为完成任务而对上级指挥官写下（立下）的书面保证。"军无戏言"，立下军令状，就意味着肩负重大责任，准备付出巨大努力甚至是牺牲生命，或接受因不能履行承诺而被施加的严厉惩处。军令状，在旧小说与戏剧中普遍出现，旨在营造紧张激烈的气氛，增强事态发展的戏剧性效果。现在，军令状的意义已经泛化，泛指社会的任何方面为表明接受、完成某项重大任务的决心而写的保证书。我们在教学中，为了克服学生在学业或品德方面存在的突出问题，也可以艺术性地借用军令状手段，丰富教育形式。

▲第三天管保有十万支箭。

"管保"，方言，义"保证"。

6　景阳冈

　　《景阳冈》，小说，选自长篇小说《水浒传》第二十三回。作者施耐庵（1296—1370），江苏兴化人，祖籍苏州，名耳，字子安，号耐庵，元末明初文学家。《水浒传》是我国第一部赞扬农民起义的长篇章回体白话小说，在中国乃至世界文学史上具有重要地位。故此，施耐庵有"中国长篇小说之父"的美誉。为了纪念他，他的家乡江苏省兴化市特别设立施耐庵文学奖即"施耐庵长篇叙事文学奖"。早在二十世纪八十年代初，《景阳冈》即进入初等教育语文教科书。

　　（1）疏解词语

　　　　▲武松在路上行了几日，来到阳谷县地面。

　　"地面"，地界，境内。

　　　　▲此去离县治还远。

"县治"，县治所，即县政府所在地。

▲店家去里面切出二斤熟牛肉，做一大盘子将来，放在武松面前……

"文字语句之深究"，是全文法读法教学的重要一环。[①]"将"，在句中显然不作"将来"解，那作何解呢？我们以为要联系句中的"来"进行理解。《水浒传》的语言是近代汉语，按现在的语法标准看，还别别扭扭的，不合语法处比比皆是，如前文的"主人家，快把酒来吃"，"好的切二三斤来吃酒"，"来"的前面都没用"拿"，而"来"都是表示"拿来"。"做一大盘子将来"，其实可以看作"一大盘子做将来"或"做一大盘子拿将来"，句中的"将"是助词，用在动词后面，表示动作的趋向或进行。这种用法，后文也有，如："武松道：'就有五六碗多时，你尽数筛将来。'"而且，《水浒传》里的"过来"也是分开用的，如后文的"这武松提了梢棒，大着步自过景阳冈来"。

▲店家被他发话不过，一连又筛了三碗。

"不过"，不超过，比不上，一如现代汉语中的"店家说不过他"，例文中的前半句就是"店家发话不过他"。

[①]袁哲. 国语读法教学原论［A］. 徐林祥. 百年语文教育经典名著（第八卷）［C］. 上海：上海教育出版社，2017（172）.

▲酒家道："……还有五六碗酒哩，只怕你吃不的了。"

酒家道："你这条长汉，倘或醉倒了时，怎扶的你住？"

《水浒传》"的、地、得"不分，且多一概用"的"。前一句中"的"，相当于现代汉语中的"地"，即"只怕你吃不地了"。"吃不地"，义为"吃不完，吃不了"，在江淮官话中普遍使用。后一句中的"的"，相当于现代汉语中的"得"，"怎扶的你住"即"怎扶得住你"。

▲酒家再筛了六碗酒与武松吃了。绰（chāo）了梢棒……

"绰"，动词，即操、操起、抓起。

▲走出门前来，笑道："却不说'三碗不过冈'！"

"却不说"，可不是说。"却"，即"可"，如前文的"我却又不曾醉"，义即"我可还没有醉"。

▲酒家道："如今前面景阳冈上，有只吊睛白额大虫……坏了三二十条大汉性命。官司如今杖限打猎捕户，擒捉发落……"

"杖限"，一般为名词，杖击的数目，但在例文中当为动词，给……规定（处罚）杖击数目。"官司如今杖限打猎捕户，擒捉发落"的意思是，"如今官府衙门给打猎户规定了处罚的杖击数目，以擒获捕捉（大虫）"。

▲那时已有申牌时分。这轮红日，厌厌地相傍下山。

"申牌时分"，涉及中国传统文化中重要的时辰概念。时辰是古代计时单位，规定一昼夜分十二个时辰，用地支表示。地支，早在统编本二年级下册"语文园地三·日积月累"已有"子鼠、丑牛、寅虎、卯兔、辰龙、巳蛇、午马、未羊、申猴、酉鸡、戌狗、亥猪"12地支与12生肖属相的逐一对应。依地支计时规则，时辰"子时"横跨午夜，为23时至1时，每时辰2小时类推，"午时"为11至13时，最后"亥时"为21至23时。理解"申牌时分"，还涉及"时辰台"这一历史知识。古时，曾有在衙门和驿站前设置"时辰台"报时的做法，每移一时辰，则以刻有指示时间的牌子换之，故有午牌时分、未牌时分、申牌时分等时间词。"申牌时分"，就是申时，即15至17时。

▲那大虫吃武松奈何得没了些气力。

例文中的"吃""奈何"的意思，在现代汉语普通话中都不甚了了。"吃"，读qè（阴入），被，在现在的江淮官话中依然广泛使用，如"他虽然人高马大，但很吃唬婆娘"，"吃唬"，被……唬，害怕。"奈何"，本义之一是"怎么着""怎么办"，在例文中引申为"对付""折腾""整"。全句的意思是：那大虫被武松整得没了多少力气。

（2）厘清句意

▲那时已有申牌时分。

正确把握"那时已有申牌时分"句意，是教学的一个难点。它是说"那时已有午后三五点"？显然不通。已有几点，应该是个时点，而不是长达2小时的区间。因此，正确的理解应该是：那时已到申牌时分，或者说，那时已过下午三点。酒家提醒、"阳谷县示"，均表明"未时"是可以结伴过冈的最后时间，现在都进入"申时"了，武松"上冈子来"，显然是无所畏惧的英雄。

7　猴王出世

　　《猴王出世》，小说，选自《西游记》第一回。作者吴承恩（约1500—1582），今江苏淮安人（一说安徽桐城人），号射阳居士（射阳山人），明代文学家。他自幼敏慧，博览群书，但科举屡遭挫折，嘉靖二十八年（1549）迁南京，以卖文为生。三十九年任浙江长兴县丞，不久辞官归隐故里，闭门著书，直至终老。诚如吴承恩所言，"虽然吾书名为志怪，盖不专明鬼，实记人间变异，亦微有鉴戒寓焉"，《西游记》是一部以"唐僧取经"历史事件为蓝本，经过艺术加工而成的反映明代社会实际的志怪小说。它具有独特的思想艺术魅力，统一物性、人性与神性，艺术想象丰富、奇特，多维度展示人物形象，在幻笔中加入戏言。它与《三国演义》《水浒传》《红楼梦》并称中国古典四大名著。为纪念吴承恩的伟大成就，2016年，《人民文学》杂志社与江苏省淮安市共同设立"吴承恩长篇小说奖"，每两年一届。本世纪初，《猴王出世》进入义务教育语文教科书。

疏解词语

▲四面更无树木遮阴，左右倒有芝兰相衬。

"芝兰"，香草，本义芳香，喻义美好——德行高尚、友情深厚、环境美好等。典出久远："且夫芷兰生于深林，非以无人而不芳。""其民之亲我也欢若父母，好我芳若芝兰。"①"南山芝兰，君子所有。"②例文是一个颇具文采的对偶句。

▲盖自开辟以来，每受天真地秀，日精月华，感之既久，遂有灵通之意。

"天真地秀"，亦即"天地真秀"，天地间的淳朴灵秀（真，抱朴归真之真）。"日精月华"，亦即"日月精华"，太阳月亮的精气——滋养之气。

▲我们今日赶闲无事，顺涧边往上溜头寻看源流，耍子去耶！

"溜头（tou）"，江淮官话，流水的流痕，即水流，如："看看溜

————————

① 〔战国〕荀况．耿云标校．荀子［M］．上海：上海古籍出版社，2014（357，104）．

② 〔西汉〕焦延寿．尚秉和 注．易林（焦氏·易林注）［M］．北京：九州出版社，2010（362）．

头急不急? 溜头（水流）急①，游泳可要小心。""上溜头"，河、洞上游。"耍子"，玩耍。"赶闲"，如同"赶巧"，"赶"义为遇到（某种情况）、碰上（某个时机），"赶闲"即适逢清闲。

▲碣上有一行楷书大字，镌着"花果山福地，水帘洞洞天"。

例文中嵌着成语"洞天福地"——本道家语，典出唐杜光庭《洞天福地记》，原指神道居住的名山胜地，今喻景色优美的人间仙境。"碣"，刻有文字的圆顶石碑，如成语"残碑断碣"。

▲石猴道："……桥那边是一座天造地设的家当。"

"家当"，本义家中的物品、家产，例文中引申为家庭住处，包括石房及房内的石锅灶、石床凳等等。这个住处，可谓是"拎包即住"。

▲石猴端坐上面道："列位呵，'人而无信，不知其可'……何不拜我为王？"

"人而无信，不知其可"，典出《论语·为政》，意为一个人如果不讲信用，真不知道他怎么能行。"不知其可"，即"知其不可"。"可"，在现代汉语徐州等地方言中依然普遍使用，是表示肯定、称许的"行，好样的"。

———————————

① "溜头急"，水流湍急。

8　红楼春趣

　　《红楼春趣》，小说，选自《红楼梦》第七十回。作者曹雪芹（约1715—约1763），今江苏南京人，名霑，字梦阮，号雪芹（芹溪、芹圃），清代著名文学家。他祖上系清代正白旗包衣世家，曾祖、祖父曾任江宁织造。康熙年间，曹家极受宠幸，故曹雪芹早年生活极尽纨绔、风流。但雍正年间曹家因故被抄，从此中落。家道变故让曹雪芹深感世态炎凉，进而透析封建社会浮华背后的不堪。面对"满径蓬蒿""举家食粥酒常赊"，"很觉得牢骚抑郁，故不免纵酒狂歌"，凸显正邪两赋的真性情。他以坚韧不拔的毅力，以笔刀剖析现实，将旧作《风月宝鉴》"披阅十载，增删五次"，成就极具思想性、艺术性的文学巨著——《红楼梦》。《红楼梦》熔铸作者的悲剧体验、诗化情感和创新精神，背景宏阔深邃、结构严谨缜密、情节跌宕复杂、人物形象鲜明生动，堪称中国古典长篇小说的巅峰，在世界文学史上也占有重要地位。基于此，衍生出专门的学问——红学。2019年，《红楼春趣》开始进入统编小学语文教科书，题目为编者所加。

（1）疏解词语

▲一语未了，只听窗外竹子上一声响，恰似窗屉子倒了一般，众人吓了一跳。

把"窗屉子"解释成"窗户上糊冷布或是钉铁纱等用的木框子"[①]，不够准确，既不能完全反映"屉"的本质特征，又排斥了"窗屉子"的历史演变。"屉"的本质特征是活动的"斗"，或方或圆或其他形状，一般是四周有密闭围挡，下部（底部）或里部亦有蒙盖，可以是板，如"抽屉"；也可以是竹（木）条，如"笼屉（蒸笼）"；还可以是"冷布""窗纱"甚至纸，如"窗屉（子）"。"窗屉子"，是一种可支起放落的窗架、窗格子，木质，且中间一般会用木条做出若干方形或棱形等图形的格子，多作为外窗。这种外窗，可以嵌在大的固定窗框里，也可以制作成翻窗，课文中的窗屉子应该做成了可支起放落的翻窗。在我国传统的比较讲究的民居中，窗户正常都有内外两道，一道中分向内拉开；一道向外翻开、支起，"合页"在上部，下部用一根木棒（棍）向外支起来——一头抵在窗户下外沿口中间，一头顶在外窗下口中间。窗屉子中间的格子，首先具有实用性，其次具有装饰性。

---

① 人民教育出版社，课程教材研究所，小学语文课程教材研究开发中心. 语文教师教学用书（五年级下册）[M]. 北京：人民教育出版社，2021（45）.

实用性表现在，为蒙（糊）冷布或钉窗纱提供依托、支架；装饰性表现在，不管是否蒙冷布、钉窗纱，窗户部位外露的格子图案总是对窗户洞开的一种柔美表现。至于为何要在窗屉子上糊冷布、钉窗纱，那主要是为了在夏天能通风、透光、阻挡蚊虫，有时还撑开用作遮阳篷。例文中的"倒"字，当表示顶窗子的木棒（棍）倒了，窗屉子扑下。在冬季，人们往往给窗屉子糊上薄纸，既抵挡寒风，又透光，如《红楼梦》第八十二回，"那窗上的纸，隔着屉子，渐渐的透进清光来"[①]。如果说整个翻窗是一个大窗屉子的话，那一个个小窗格子就是一个个小窗屉子。窗屉子，今日依然有，只不过今日所钉窗纱已多是经久耐用与美观的尼龙纱，小部分是不会生锈的钢纱，而铁纱早已淘汰。

▲探春笑道："紫鹃也太小器，你们一般有的，这会子拾人走了的，也不嫌个忌讳？"

"小器"，即小气、吝啬。例文中，义为肚量小、贪财。"走"，义为"放走"，即下文中的"放晦气"：放风筝时故意剪断扯线，让风筝飞走，从而放走坏运气。

▲丫头们搬高墩，捆剪子股儿，一面拨起籰子来。

① 〔清〕曹雪芹，高鹗. 红楼梦（下）〔M〕. 北京：人民文学出版社，2001（943）.

"剪子股"，名词，两义：①中药材多头苦荬（mǎi）的别名；②放风筝时，为方便挑线，在竹竿上斜绑一根小木棍，若剪刀形，即"剪子股"。"籰（yuè）"，又名"榬"，北方习称桄（guàng）子，收放风筝扯线的器具，一般中间有根轴杆，平时插着放置于特定位置。

▲宝钗等立在院门前，命丫头们在院外<u>敞地下</u>放去。

"敞地"，名词，露天空地。"敞地下"，空地上。

▲黛玉<u>因</u>让众人来放。

"因"，副词，就，于是，又如："项王即日因留沛公与饮。"①

（2）"巴不得一声儿"

课文第2自然段首句"丫头们听见放风筝，巴不得一声儿，七手八脚，都忙着拿出来……"，语意大概都能读懂，能顺出"巴不得一声儿"的含义"巴不得""等不及了""欢呼雀跃"，但还要究其本源。

其实，"巴不得一声儿"就是个方言模仿，鹦鹉学舌。"巴不得一声儿"，就是"巴不得"，应该是口语"巴不得"的方言讹音拼写。在西南官话里，"巴不得"的发音，先是在"得"上近似发音

———————

①〔汉〕司马迁. 金源编译. 史记本纪（卷二）［M］. 西安：三秦出版社，2008（171）.

［die］（阳平），"得"后就多了"一"，后又在"巴不得"的尾部加语气助词"撒［sʌn⁵⁵］"，而多出了"声（儿）"。在西南官话里，"撒［sʌn⁵⁵］"是一个使用十分广泛的语气助词，在陈述句中加强语意，甚至表示语意未尽、得愿欣喜；在祈使句中表示急迫，甚至是责备；在疑问句中构成追问或反问语气。[①]例文是陈述句，"撒［sʌn⁵⁵］"加强语意，言外之意是丫头们期待已久。这样，西南官话口语"巴不得"就成了硬翻京腔"巴不得一声儿"。同样的讹音拼写，还见《红楼梦》第四十回："刘姥姥听说，巴不得一声儿，便拉了板儿，登梯上去。"《红楼梦》里的这种南腔北调说明什么呢？说明作者为谨防文字狱"误了卿卿性命"而人为"满纸荒唐言"、藏拙，刻意隐藏自己，还是说明作者一南一北有两个人？答案尚不可知。

---

① 彭锦维．重庆话语气词的特点［J］．西南民族学院学报．哲学社会科学版，2001（07）：57.

杨绍林．四川彭州方言叹词和语气词研究［J］．地方文化研究辑刊（第三辑），2010（226-227）.

第三单元

综合性学习：遨游汉字王国

汉字学习，是语文教育不可分割的组成部分。汉字具有形、音（声）、义三要素，自成系统。"所谓识字者，谓见形而知声、义，闻声而知义、形也。"①但习字者，还需加上"书（写）"。辨形、正音、析义、善书，是汉字学习的完整内容。"综合性学习"以汉字为对象，既是综合学习能力的训练，也是对汉字学习的强化。本世纪初，大综合单元《遨游汉字王国》进入义务教育语文教科书。

厘清条理　统整全程

"遨游汉字王国"，一个课题，整整11页内容，虽然可以分为一个"前言"与"汉字真有趣""我爱你，汉字"两个板块，但如此的结构布局与课题间的逻辑联系并不明显。在两

---

　① 艾伟. 阅读心理. 汉字问题［A］. 徐林祥. 百年语文教育经典名著（第十卷）［C］. 上海：上海教育出版社，2017（151）.

附:

"综合性学习：遨游汉字王国" 统整图

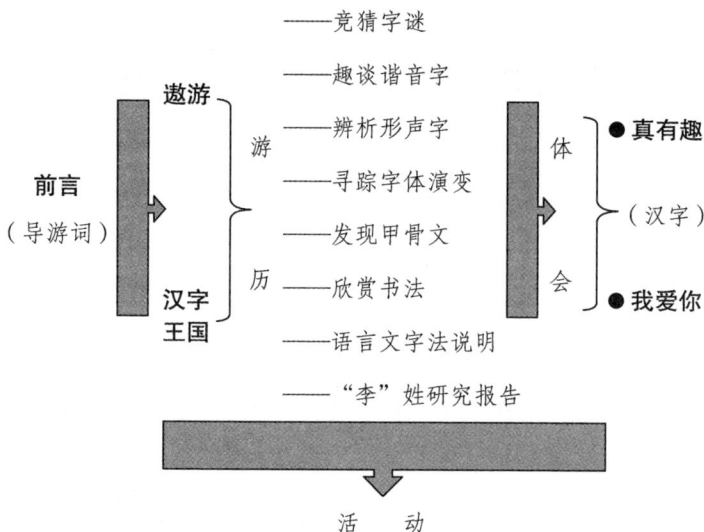

（搜集与调查资料）

★选择两项活动（猜字谜或办趣味汉字交流会，撰写汉字研究报告）

★制定活动计划并实施

说明：阅读材料"1 字谜七则""2 门内添'活'字"合并为"竞猜字谜"，"3 有意思的谐音""4 '枇杷'和'琵琶'"合并为"趣谈谐音字"。

个板块之中，又各有"活动建议""阅读材料"两个栏目，且"我爱你，汉字"板块中的阅读材料"汉字字体的演变""甲骨文的发现""书法欣赏"似乎更加切合"汉字真有趣"板块。

如何从庞杂生疏、貌似松散的教材内容中梳理出层次与头绪，从而使相关内容更好为学生所把握，实现教学目标？必须以系统思维整体谋划，整合教材内容，遵循思维规律，以清晰的条理性与逻辑性，启发诱导，切忌按部就班，机械地自前往后"填鸭"。要统整单元内容，讲求学习情境、学习内容、学习方法和学习资源的统一。[①]在教学中，要紧扣综合性，将庞杂的内容以逻辑贯穿。引导学生由综合到分析，由资料到观点，掌握科学的逻辑思维；引导学生由前言的"总"探寻板块的"分"，由读课文"了解汉字"到自主搜集研究"解析汉字"，从而掌握系统学习的方法，养成学以致用、学用结合的态度。要把"遨游汉字王国"看作一场汉字之旅、文化之旅，尝试以一名导游的角色组织整个单元的教学。通过研读教材，可以将11页教学内容以图的形式呈现（见"'综合性学习：遨游汉字王国'统整图"）。

把整个单元的学习当作一场旅行，一场彰显汉字博大精深的撷趣、探秘之旅，因而历时不是一两节课而是半个月（10课时），从而让学生面对陌生课文形式与较长学习周期、较重

---

①陆苗.综合性学习"遨游汉字王国"学习设计及思考［J］.语文建设，2020（12）：14.

学习负担，既放松心态又有紧张严肃的思想准备。"前言"，概述汉字与我们生活不可或缺的关系，包括汉字的历史、影响力与书法艺术等具体方面，并提出了汉字之旅的多重目标任务，包括感受汉字趣味、了解汉字文化、增强规范使用汉字的行动自觉。因而，可以把它比作汉字之旅的导游词。课文中的"阅读材料"，本意是开展汉字探究活动"活动建议"的参考资料，通过转换角度，把它们看作汉字之旅的不同侧面或"景点"，进而把阅读参考资料的过程比作游历的过程。这样，就有了"遨游汉字王国"中的"竞猜字谜""趣谈谐音字""辨析形声字"等等"游历"活动。在引领学生经过一番别开生面的游历后，问他们有什么样的体会？他们纷纷表示："汉字真有趣。""我爱你，汉字。"在此基础上，进一步引导学生，"教材中的'阅读材料'能够说明我们完全遨游了汉字王国吗？""不能。"要跟学生讲清楚，不仅常识告诉我们"阅读材料"只是汉字王国的"犄角旮旯"，而且教材还安排了不少活动任务——需要学生们开启独立的"遨游汉字王国"旅程：开展竞猜字谜活动或者举办趣味汉字交流会，撰写反映汉字历史、书法使用规范等方面的简单研究报告。当然，为了顺利开展活动，需要同学们制订计划、搜集材料、查找资料。至于如何搜集，教材列举了查找图书、网络搜索和请教别人三种主要方式。经过对全单元的统整梳理，原本单元整组、庞杂混乱的综合性学习内容变得脉络清晰可见。指导开展活动是本单元教学重心。基于此，最后应当跟学生强调，教材所呈现的导游词、游历过程与游历体会，都是为同学们自主开展活动所做的铺垫；做好教材规定的活动是体现自主性、完成本单元学习任务的基本方式，也是对大家文字基础、语文素养的综合检验。这样，学生学习本单元的定位更准，基点更确定，眼界更开阔，综合性意识得以确立。特别是，开展活动的能动性可以得到有效激发。

第四单元

9 古诗三首

从军行

《从军行》，七绝。作者王昌龄（约698—约757），山西太原人，字少伯，唐朝著名边塞诗人。唐玄宗实行募兵制，多有文人投笔从戎，以求边功。开元十二年（724）前后，王昌龄赴河陇，出玉门，边塞诗名篇多作于此际。他科场得意，官场不遂。开元十五年，进士及第，后任龙标县尉、汜水县尉等职。坐事流放岭南。赦返长安后，授江宁县丞。安史之乱时，遭亳州刺史闾丘晓妒杀。他与李白、高适、王维、王之涣、岑参等人交往甚深，惜与孟浩然一晤而成永诀。王昌龄的诗以七绝见长，有"七绝圣手""诗家夫子"之称，尤以边塞诗闻名。他一生诗作近200首，存世180余首，见诸《王江宁集》六卷。就量而言，他的诗以七绝居多，74首。王昌龄的边塞诗，高扬盛唐主旋律，对边塞风光、战场景象和将士内心描写细致、细腻，意境开阔，语言蕴藉，抒情、造景、写意相得益彰。他的诗，有"不破楼兰终不还"的壮志，也有大漠帐前思念亲人的离愁，情景妙合、意境融通，舒缓自然、婉转浏亮。他的诗语，美不胜收：既有力量美、气势美，又有简练美、清峻美。课文系王昌龄《从军行七首》之四，2019年开始进入统编小学语文教科书。

（1）诗文今译

原文：

从军行

青海长云暗雪山，孤城遥望玉门关。

黄沙百战穿金甲，不破楼兰终不还。

译文：

①解释性译文

边关军旅行

青海湖沉云漫天，令雪山暗淡。在孤悬边陲之城，遥望更西北的边塞玉门关，忧患不减。无数次沙场征战的将士们，即使磨破盔甲，也依然坚定不打败西域强敌决不回还的信念。

说明：这是一首借用乐府古题"从军行"写的边塞诗。"从军行"属于《乐府诗集》中的"相和歌辞"大类之下的"平调曲"子类，多反映军旅艰辛生活。

②译诗

边关行吟

青海湖，沉云密布，雪山黯然，

城池孤悬，更忧边塞玉门关；

边防军，身经百战，盔甲磨烂，

誓死卫国，力克强敌方回还。

说明：译诗与原诗同韵（an），但用字有差异，由"山""关""还"变成"然""关""烂""还"。"长云"之"长"不是长短的长，而是满目皆是，是漫天的云、密布的云。由于青海湖的海拔在3000米以上，云似乎离人很近，所以我们用了"沉云"，而且"沉"有形容（边陲）局势严峻的意味。"孤城遥望玉门关"，是忧患、忧心的表现，故译诗直接以"更忧"来表达"遥望"。"穿金甲"，即磨破盔甲。"楼兰"，在诗中泛指西域敌对的各部族政权。自汉以来，包括唐朝，我国西北边陲都存有安全隐患，时常受到"楼兰"的袭扰。因此，将"楼兰"译为"西域强敌""强敌"。

（2）品味赏析

全诗用词精美，有"雪山""玉门"，有"黄沙""金甲"，有"青海""楼兰"，鲜艳夺目，形象动人。全诗四句，前两句是铺展宏阔的西北边陲环境，描绘严峻紧张的形势，引领读者置身其中、感受其境；后两句是讴歌大无畏、战必胜的戍边将士，释放读者敬佩、厚望之情，从而抒发英雄主义和乐观主义情怀。

秋夜将晓出篱门迎凉有感

《秋夜将晓出篱门迎凉有感》，七绝。作者南宋陆游，此诗系其宋光宗绍熙三年（1192）秋同名爱国主义组诗之二。① 五年级上册第12课《古诗三首》的第一首，即为陆游作品《示儿》。在此，不赘述其生平。值得补充的是，"陆游"之名颇有意味。陆游的母亲具才情，喜秦观诗词，所以给他取名"陆游"，字"务观"，意思是希望他日后如同秦观一样富有才华。②观陆游一生，其文学成就不在秦观之下。1984年，《秋夜将晓出篱门迎凉有感》即进入初等教育语文教科书。

《秋夜将晓出篱门迎凉有感》与之前的《示儿》同为七绝，主旨一样，爱国主义题材，但《示儿》更为凄凉。本诗还有"三万里河东入海"的壮怀，《示儿》已是"死去元知万事空"的凄楚；本诗还有"南望王师又一年"的叹息，《示儿》已是"家祭无忘告乃翁"的托终。从逻辑与历史相统一的角度出发，《秋夜将晓出篱门迎凉有感》与《示儿》在教材上、下册的位置可以对调。如果从单元主题的视角，两者的位置更应该对调。上册第四单元的主题"为什么我的眼里常含泪水，因为我对这土地爱得深沉"，《秋夜将晓出篱门迎凉有感》更加符合；下册第四单元的主题"苟利国家生死以，岂因祸福避趋之"，《示儿》更为恰当。

---

① 赖汉屏等．宋诗鉴赏辞典［Z］．上海：上海辞书出版社，1987（981）．
② 参见：李开周．宋代人是如何取名字的［J］．书摘，2020（06）：33-34．

（1）诗文今译

原文：

秋夜将晓出篱门迎凉有感

三万里河东入海，五千仞岳上摩天。

遗民泪尽胡尘里，南望王师又一年。

译文：

①解释性译文

秋夜拂晓，依然内心燥热，于是走出院墙篱笆门，寒凉袭来，浮想联翩

a.浩浩汤汤的黄河东流不息，归入大海；壁立千仞的华山高耸入云，直抵天庭。多么美丽的华夏大地啊！它们却已经不属于我们宋人了。在金人铁蹄践踏与暴政鼻息下苟延残喘的人民，眼泪都哭干了，一年又一年巴望着遁走南方的宋朝军队能够回归驱敌，收复失地。

b.黄河再长，也有终点，总要入东海；华山再高，也有止境，最多是顶天盖。我们这些宋朝的弃民在金人的欺辱之中，眼泪都流尽了，眼巴巴地向南望，期盼宋朝军队归来收复失地，却又一年落空，何日是尽头啊！

说明：对这首诗的理解存在重要分歧，就是基点不同会带来理解、解释上的明显差异。传统主流基点是王夫之《姜斋

诗话》里的"以乐景写哀，以哀景写乐，一倍增其哀乐"[①]；新近非主流基点是所谓迫近诗歌创作源头的"典型情绪"——外界某种刺激，引发诗人的感兴和冲动。[②]两个基点，两种解释，都能"自圆"，只不过第一种更具感性、意境，后一种更富理据、哲思。鉴于陆游诗具有狂放的一面，特别是联系诗中"三万里""五千仞"等极尽夸张的用词，我们更倾向于传统的解释。第一种解释，是作者基于自身的想象，置身北方，触景生情，以乐景写哀怨愁思乃至激愤，倍增其哀，意境浩渺无际，抨击南宋当权者的麻木不仁、苟安无为。第二种解释，是作者假托北方遗民，凭借审美想象"托物起兴"，纾解焦灼心情，斥责南宋小朝廷的一隅偏安。

②译诗

秋夜感怀

秋夜的拂晓，天气已经很凉了，但我内心备受国家分裂的煎熬，焦躁不堪，无奈走出院墙的篱笆门，寒凉进袭，浮想联翩——题记

浩浩汤汤的黄河啊，涌流充盈大海，

绝壁陡峭的华山，高耸，摩天。

北方同胞啊，泪水不洗凌辱，

---

①顾易生. 咫尺有万里之势——读陆游《秋夜将晓出篱门迎凉有感之二》[J]. 文史知识，1986（03）：34–35.

②张国鹄. "典型情绪"：诗的生命线——陆游《秋夜将晓，出篱门迎凉有感》诗别解[J]. 名作欣赏，2014（2）：33–34.

南方王师，终年，不见。

说明：这首诗的原题《秋夜将晓出篱门迎凉有感》，很长，有显著的古诗特色，一并清楚交代作诗时间"秋夜"、地点"篱门外"和情境"迎凉"等背景，与现代诗有很大不同。现代诗一般不会把作品的背景元素尽置于标题之中，而是会采取另外的题注、题记形式加以说明。现代诗命题的最高原则是统领全篇、言简意赅、申明主旨，就《秋夜将晓出篱门迎凉有感》而言，命题《秋夜有感》甚至《感怀》之类即可。我们在译诗中，采用"题记"形式，将古诗中的背景移位。"秋夜将晓"，就是秋日拂晓。"篱门"，即篱笆门、笆门，用苇秆、木棍或竹竿、竹棍之类做成的屋门、院门。由于陆游家世显赫且自己也是社会名流，即便当时是遭罢官回归山阴故里，谅必也不会住在只有篱笆门的屋子里。因此，应把诗中的篱门看作院墙门。而且，出院墙门更能体现作者心中燥热难耐、急于解脱的心理状态——床上待不住，屋里待不住，院子里待不住，要到院子外面去吸吸凉气，那里的风更大、更凉，可以让自己舒服一些。"迎凉"就是吸吸凉气，我们转换了角度，看作凉气侵袭，而这是作者巴不得的，故用"进袭"。"凉"，秋天的早晚有明显凉的感觉，拂晓前尤甚，故用"寒凉"。"终年"，一年结束。

（2）品味赏析

全诗四句，前后各两句，完全是标准的前景后情律诗格式。对景色的描写，亦实亦虚，河岳实，长度高度虚。一横一竖，"三万里河"横贯，五千仞岳竖起，河山巍峨，神州辽阔！可惜这广大的国土已非大宋，遥想那里水深火热中的同胞，可谓眼睛都望瞎了。近思苟安偷生的南宋朝廷，无所作为，岂不令人愤慨。作者虽年事已高，但忧国之心不减，固然失望但还是在热望。陆游借"迎"秋天拂晓的寒凉来激灵自己，赋诗两首，排解心中的忧虑焦灼。

闻官军收河南河北

　　《闻官军收河南河北》，七律。作者杜甫（712—770），河南巩县（今河南省巩义市）人，字子美，自号少陵野老，唐代杰出诗人，与李白合称"李杜"。他早年家境优渥，才华横溢，乐哉悠游，足迹遍及吴越齐赵等地，裘马轻狂，且与李白有交集，留下《望岳》等名篇。后来，杜甫科场、仕途不顺，客居长安十年，生活困顿。他忧时伤乱，面对乱世给百姓带来的无穷苦难和人民忍辱负重的爱国行为，创作出不朽的史诗——"三吏""三别"。他辗转迁徙，流寓蜀地，落脚夔州（治所在今重庆市奉节县），进入创作高峰，但困厄的命运没有大的改变。他挣扎着离开蜀地，却在大历五年（770）冬殁于由长沙至岳阳的一条小船上。他生逢唐朝由盛而衰的大变局之中，浮沉漂泊。作为伟大的现实主义诗人，当然无愧"诗圣"称号，其作品当然可称"诗史"，"连李白的

'诗仙'称号在圣人面前都略逊一筹"。[①]他的性格决定了自己的悲剧命运,困厄当时,闪耀后世。杜甫的诗具有极高的思想性、艺术性,"独就当时所感触,上悯国难,下痛民穷,随意立题,尽脱去前人窠臼"[②],有世上疮痍、诗中圣哲之誉,"沉郁顿挫"是其最大特点。他的愤世嫉俗,不仅是对唐朝腐朽没落的批判,还是对诗歌传统的超越。他的律诗臻于极境,浑融流转,化于无形。他炼字精到,对仗工整,彰显中国诗歌的"建筑美"。他传世作品约1500首,大多集于《杜工部集》。他生前声名不彰,但身后日隆。宋代对他极尽推崇,江西诗派尊他为诗派之祖。千余年来,治杜之风不绝,改革家崇尚他对穷人的悲悯,文学家对标他在诗歌艺术上的创新。他的哀荣光耀千古。

《闻官军收河南河北》与《秋夜将晓出篱门迎凉有感》,同属聚焦时事主题类型的感想诗。感想诗,在标题中就有体现,除了两首诗中出现的"感""闻"之外,还包括"叹""观""思"等。《闻官军收河南河北》,作于唐代宗广德元年(763)春。二十世纪七十年代末,它即进入初等教育语文教科书。

（1）诗文今译

原文:

---

① 马未都.马未都讲透唐诗(Ⅱ)[M].杭州:浙江文艺出版社,2022(30).

② 〔清〕杨伦 笺注.杜诗镜铨(上)[M].上海:上海古籍出版社,2019(225).

闻官军收河南河北

剑外忽传收蓟北，初闻涕泪满衣裳。

却看妻子愁何在，漫卷诗书喜欲狂。

白日放歌须纵酒，青春作伴好还乡。

即从巴峡穿巫峡，便下襄阳向洛阳。

译文：

①解释性译文

获悉政府军收复黄河南北失地

　　剑门关外忽然传来收复蓟州北部叛军老巢的消息，意味着黄河南北叛乱之地全部平定。一听到这消息，我惊喜过望，心头积压多年的战乱之苦化作喷涌的泪水，沾满上下衣服，尽情释放。再回头看看妻子儿女，他们和我一样，愁眉尽展，心花怒放。我下意识地归拢起手边的诗文书籍，欣喜若狂，心向远方。我要在明媚的阳光下高歌畅饮，不醉不休；要在这绚丽的春天里美滋滋地回故乡，喜气洋洋。说走就走，先就地顺流而下走江峡，穿巴峡过巫峡，再转陆路直上湖北襄阳，最后直奔河南洛阳。

　　说明：《闻官军收河南河北》，"闻"，我们换一个说法"获悉"。"官军"，政府军。"河南河北"，黄河南北的广大区域。安史叛军一度控制了黄河南北的十多个州。"蓟北"，即蓟州北部，今河北省北部，唐时多以蓟北泛称蓟州、幽州一带，即安禄山、史氏父子拥兵作乱的老巢。"收蓟北"，代表河南河北叛军所占各州全部收复。因此，解释性译文标题用《获悉政府军收复黄河南北失地》。

"白日"对"青春"。"白日放歌须纵酒,青春作伴好还乡"中的"白日""青春"二词,古今义大相径庭。古义源自屈原的《大招》:"青春受谢,白日昭只。"意思是,四季更替,春天来临,(温暖)阳光普照大地。"青春"义指春天,"白日"表示阳光,二者结合,"青春"即作明媚的春光解。实际上,这里的"青春",我们不妨理解为"青色的春景",色彩(青色)鲜艳当然只有在阳光明媚下才能体现出来,故"青色的春景"即意味明媚的春光。自此以后,文人骚客多把"白日"和"青春"相对互文,杜甫更不止一次采用,如"落花游丝白日静,鸣鸠乳燕青春深"[1],"青春犹无私,白日亦偏照"[2],等等。这两句诗的意思,我们的理解是:阳光明媚,放声高歌还要开怀畅饮;时令当春,青翠作伴正好惬意还乡。不过,我们在诗与诗的对译中,为顾全整首诗的格式,措辞有差异。

②译诗

黄河奏捷

剑门传讯,黄河奏捷,叛军蓟北老巢灭,

喜悉,情不能禁,泪水湿衣,要把郁愤流尽,

---

①〔唐〕杜甫. 题省中院壁〔A〕. 杜甫诗集〔M〕. 长春:吉林大学出版社,2011(153).

②〔唐〕杜甫. 次空灵岸〔A〕. 杜甫诗集〔M〕. 长春:吉林大学出版社,2011(123).

> 再回看，妻子儿女，愁眉尽展，合家皆是笑靥，
>
> 随手，归拢诗书，心潮逐浪，狂放不能自抑。
>
> 阳光明媚，高歌畅饮，不醉难有休止意，
>
> 当春，万物复苏，生机勃发，返乡适逢佳期，
>
> 走江峡，巴峡巫峡，顺流穿梭，归心感动天险，
>
> 转道，别了襄阳，奔向洛阳，可望重振家业。

说明：在现代语诗译时，我们采用十分精练的标题《黄河奏捷》，将黄河南北失地的收复，赋予神圣性"黄河奏捷"，"奏捷"是捷报传来，隐含了"闻"。正像许渊冲在英译这首诗标题时用了'Recapture of the Regions North and South of the Yellow River'而把"闻"省去一样①，在古诗中它只是表示诗歌的一种"感想"类别，在现代诗中完全可以省去。《黄河奏捷》的诗题，足以表明此诗是一首时事性的感想诗作。

（2）品味赏析

① "第一首快诗。"自清朝浦起龙在《读杜心解》里称赞此诗乃杜甫"生平第一首快诗"以来，赞同者甚众，我们的感觉是情感尽显快意，情节发展快捷，前景甚感快慰。他的内心充满为国、为家的"快意"。他的诗语袒露情感决堤、一泻千里的"快捷"："忽""初闻"，"却看""漫卷"，"放歌""纵酒"，"作伴""还乡"，"即

---

① 周燕萍，许渊冲.《闻官军收河南河北》英译本的"三美"解析［J］. 四川文理学院学报，2010（03）：48.

从""便下"……畅快而无半点迟疑、时滞。作者以饱蘸激情之笔，借"老来渐于诗律细"之功，创"仓卒造状"之极致。后三联连用对句，气势如虹，似箭归心，倏忽间你我已在数千里之外。一首政治诗，却道尽黎民百姓的梦想。值得注意的是，这种"一气流注"因一个"向"字而圆满但不落幕，快意未了，心神绵延，期待快慰。全诗情感、意境与诗语自然契合，给读者带来"远方"的期许。这样，它达到了诗的至真境界——诗和远方！

②国家情怀。杜甫的情怀，不是"家国"，而是"国家"，由国之"收蓟北"切入，在"向洛阳"中落脚。他的国家情怀，不是矫情做作，无关痛痒，而是真切的心系，毫无掩饰的流露：对形势时刻关注，对朝廷平定叛乱喜极而泣；对妻子儿女充满怜爱，对举家"还乡"完美规划。

③浪漫主义。杜甫是现实主义诗人，但该诗却充满浪漫主义色彩，毫无"沉郁顿挫"，着实别具一格。除了"第一首快诗"所蕴含的浪漫主义，从虚与实的角度，我们也能够清晰感受到浪漫主义。全诗八句，前四句是写已然发生的实，时间、地点、人物很明确。后四句尽是狂想应然发生的虚，是美滋滋的，是自我陶醉的。特别是，"白日放歌须纵酒，青春作伴好还乡"，"一反杜甫诗作风格，没有阴郁，明亮畅快……太像李白写的了"。① 但放歌了吗？纵酒了吗？穿江峡了吗？……都还没有。从后来杜甫的人生轨迹我们得知，结果他是空欢喜

---

① 马未都. 马未都讲透唐诗（Ⅱ）［M］. 杭州：浙江文艺出版社，2022（60）.

一场，没能"青春作伴"，更没能还乡。"青春"出游有，但如此好的心情没有。放歌、纵酒后来有没有发生，我们不得而知。总之，前四句交代事情的起因及得知喜讯后初始的心理感受、生理反应；后四句交代自己获知这么大喜讯后的内心憧憬，当然因为是"喜欲狂"，就难免有狂想与理想化成分。单从诗的表面上看华彩得很，全诗完美无缺，令人激情澎湃，酣畅淋漓。但本质上却是，想得很丰满，时来运转，美得不能再美；真相很骨感，风雨飘摇，世事未遂他愿。

（3）疑问商榷

①"剑外"何处？首句"剑外忽传收蓟北"中的"剑外"，毫无疑问，是指剑门关外。相对唐首都长安，蜀地无疑是"剑外"。对于唐代士子而言，"剑外"当首先指政治与文化中心蜀郡（治所在今四川省成都市），还有同为大都会的梓州（治所在今四川省三台县），而其时杜甫就居梓州[①]。鉴于梓州那时也是人流、信息流汇聚与达官显贵多有流连的重要区域，分析剑门关、蜀郡与梓州三地的具体位置，我们不难想见，从北方剑门关那边传来的消息，梓州可能要比蜀郡得到更早——距剑门关，成都约260公里，三台仅约195公里，少了25%。由于古代没有现代通信手段，交流信息只能靠书信或口

---

①刘悦祺. 杜甫流落两川时期交游考论［D］，陕西师范大学硕士学位论文，2017年5月.

传。从诗题中的"闻"，可以断定是口传。而且，口传的要比书面的来得更快，更具"忽传"的意味。

　　②"漫卷诗书"是何处书？"漫卷诗书喜欲狂"，是重要的承启句。作者"漫卷诗书"式狂想，那书是房里的书还是手边的书呢？我们的理解是手边书。"承前"分析来看，"却看"与"漫卷"，既是并列关系，又多一份因果关系。杜甫当初闻得喜讯，情不自禁，是"涕泪满衣裳"。现在书桌前回头看看妻儿，眼见他们的愁容也是一扫而光，就一时兴起收拾东西，"漫卷"归拢手边的诗书，准备离开这避乱之地。特别是，作者自己以妻、子喜而喜，难免就"喜欲狂"了。总之，杜甫"初闻"是激动落泪，"却看"更欣喜若狂。"启后"分析来看，他要发作狂想，已容不得再去"漫卷"一番房里的诗书。那种认为作者不可能说走就走，所以是"漫卷"房里诗书的观点，①是把颈联、尾联作者一时的狂想当作接续真实发生的美事了。

---

① 陈怡焮 . 杜甫评传［M］. 上海：上海古籍出版社，1982：（818）.

10　青山处处埋忠骨

　　《青山处处埋忠骨》，散文。作者晓年，生平不详，文章出处不详，但至迟在《党的建设》杂志1991年第6期即有登载（转载）。约2010年，它进入义务教育语文教科书。

　　（1）主题句出典

　　文章末段"青山处处埋忠骨，何须马革裹尸还"，是课文的主题句之所在。两句话，各有出典。"青山处处埋忠骨"，可能出自杭州西湖岳王墓的对联："青山有幸埋忠骨，白铁无辜铸佞臣。""何须马革裹尸还"，典出其实不在清朝徐锡麟《出塞》的"只解沙场为国死，何须马革裹尸还"，而在更早的南朝范晔的《后汉书·马援传》："援曰：'方今匈奴、乌桓尚扰北边，欲自请击之。男儿要当死于边野，以马革裹尸还葬耳，何能卧床上在儿女子手中邪！'"①那种"'青山处处埋忠骨'出自清代龚自珍《己亥杂诗》中名句'青山处处埋忠骨，何须马革裹尸还'"的看法，应该是一种讹传，因为在《龚自珍全集》第十辑《己亥杂诗》与《龚自珍己亥杂诗注》中均查无此句。《己亥杂诗》全部315首，甚至"青山"打头的诗句都没有。②

（2）安放忠骨

1950年11月25日上午，距出国抗美援朝仅37天，毛岸英在美军空袭中牺牲。下午，中国人民志愿军司令员彭德怀拟定专门电报，立即向国内报告（即课文中的"我们今日……"）毛岸英遇难情况，并于当天黄昏时分，与志司人员一起将毛岸英及一同遇难的高瑞欣烈士的遗体，就地安葬在大榆洞北面的山坡上。碍于种种考虑，当初电报的内容一直瞒着毛主席，迟至1951年1月2日才郑重报告，而这已过去了38天。在彭德怀回京汇报战况期间，当他再次提到毛岸英遗体是否移葬国内时，毛主席说："哪里黄土都埋人，岸英应与千百万牺牲的优秀战士

①〔南朝宋〕范晔.赵玉敏 译注.后汉书[M].长春：吉林大学出版社，2021（129）."儿女子"，妻子儿女。

②杨九俊主编.名师教语文.深度解读与学习设计（五年级下册）［M］.上海：华东师范大学出版社，2021（154-155）.参见：〔清〕龚自珍.王佩铮校.龚自珍全集［M］.上海：上海古籍出版社，1999（509-541）.〔清〕龚自珍.刘逸生注.龚自珍己亥杂诗注［M］.北京：中华书局，2021.

一同葬在朝鲜的国土上。"①此后，大家又一起将毛岸英离世的噩耗瞒着其妻刘思齐，直至1953年7月27日朝鲜战争结束之后。1954年12月前后，面对刘思齐、邵华"迎岸英回家"的请求，毛主席说，青山处处埋忠骨，何须马革裹尸还！1955年清明节后，毛岸英的遗骨移葬朝鲜民主主义人民共和国平安南道东南部桧仓郡的"中国人民志愿军烈士陵园"。②其实，从毛主席"哪里黄土都埋人""何须马革裹尸还"的言语中，我们能够感受到他强忍内心深处的哀痛，因为"岸英是毛主席最心爱的长子"。

（3）"若有所思"

毛主席最终作出毛岸英安葬朝鲜的决定，就其个人感情而言是痛彻心扉的。他克服了个人感情的羁绊，忠诚占了上风。这种忠诚是对中国人民的忠诚，也是对中朝友谊的忠诚。课文第二部分"他若有所思"一段话的深意也在于此。他是"若有所思"，不是"不假思索"。"若有所思"的背后就是把悲伤留给自己，埋在心底。"若有所思"隐含了激烈的思想斗争，包含了纠结犹豫。他有过"儿子活着不能相见，就让我见见遗骨吧"的想法，有过"下意识的踌躇"，无法遏制不能直面秘书、艰难抉择的疼痛——"黯然的目光转向窗外，右手指指写字台"，不去接电报记录稿；泪水打湿枕巾，只能把签了字的

①青山处处埋忠骨［J］.广西党史，2006（05）：46.

②南东风.青山处处埋忠骨，何须马革裹尸还——毛岸英烈士安葬朝鲜的前前后后［J］.军事政治学研究，2014（03）：136-140.

电报稿丢在枕头上，让秘书自己去取。

（4）一点疑问

　　课文第3自然段的电文摘录中有8个数量词，即"7时""3个""11时""4架""4人""4人""4架"和"二名"，所用数词为何有汉字与阿拉伯数字的区别？这显得非常突兀。按照当下公开的电文原稿，所有数词均为汉字，我们觉得应当尊重原文，加以修改。

（5）一则猜想

　　"'得体'一直是我国传统语言教育中的重要内容。"①语言得体，就是适应语境条件，用语恰当甚至具有艺术性。课文所引志司电文，有一句话引起用词得体与否的疑问。"毛岸英及高瑞欣未及跑出被烧死"②，其中"被烧死"的表述与人们想象中的"（而）遇难""（而）牺牲""（而）献身""（而）捐躯"，甚至是"（而）身亡"等相比，明显缺少温情，何故？这大概是军情报告的客观、严谨、真实性所要求的。

---

①顾黄初等.《九年义务教育全日制初级中学语文教学大纲（试用）》能力训练内容指要［A］.徐林祥.百年语文教育经典名著（第十三卷）［C］.上海：上海教育出版社，2017（200）.
②2020年11月9日，在央视播出的纪录片《抗美援朝保家卫国（第二十集：历史铭记）》中，公开了1950年11月25日彭德怀发给中央军委的绝密电报，其中内容如此。参见《环球时报》官方账号，2020-11-11.

11 军 神

　　《军神》，小说。作者毕必成（1941—1993），江西省彭泽县人，著名电影编剧。他早年从教，并进行文学创作，陆续发表散文、小说。1972年7月起，开始专业文艺创作。他的代表性电影文学剧本有《庐山恋》《被告山杠爷》《青年刘伯承》等。他精于构思，善于刻画。《庐山恋》，1981年荣获第四届中国电影百花奖最佳故事片奖，声名鹊起；《被告山杠爷》，1995年荣获首届中国电影华表奖、第十一届中国电影金鸡奖最佳编剧。《庐山恋》，自1980年7月在庐山恋电影院首映，迄今创造观众人次最多、放映场次最多、使用拷贝最多的吉尼斯世界纪录。《军神》，1984年首发于《人民文学》杂志，时题《青年刘伯承的故事》。二十世纪九十年代初，它入选上海华东师大、徐汇区语文教材，并刊载于《语文学习》1991年第 4 期。2000年后，它即进入人教社小学语文教科书。

　　（1）真实"军神"

　　课文根据真实历史故事创作而成。1916年3月，川东护国军第四支队参谋长刘伯承亲历护国讨袁的丰都之战，期间一颗子弹洞穿其右侧太阳穴后从右眼射出，并将眼球冲出眶外，伤势危重。最初，丰都县邮政局局长救了他。在丰都县城经过初步处理后，冒险转至北洋军控制下的重庆寻求进一步治疗。刘伯承以化名住进美国教会开设的宽仁医院时，伤眼的红肿腐烂已极其严重，医生认为拖得太久。后经多方联系，终于找到一位有过第一次世界大战经历的德国军医沃克医生，为他实施眼科手术。手术取得巨大成功，刘伯承的勇敢、坚毅令沃克医生折服。此后，沃克医生时常夸赞这位中国年轻军人"不是军人，而是军神"。特别是，在新任重庆镇守使熊克武主持的一次重要宴会上，沃克医生在众人面前对所结识的"军神"赞不绝口，从此刘伯承"军神"雅号广为流传。[①]

（2）刻画"军神"

从课文的描述，我们能够感受到表面平静背后的波澜——表面上没有激烈的争执对话，没有手术的血腥描述，没有痛苦的喊叫，但有"手背青筋暴起"，浑身"汗如雨下"，床单被"抓破"，心里"数你的刀数"，主人翁的镇定沉着、坚毅刚强力透纸背。文章开始，通过对答如流的交谈，表现主人翁在陌生环境中面对身份暴露的危险，从容不迫、随机应变地应对，体现军人机警灵活、干脆利落的本色。接着，通过拒绝施

---

① 马宏骄. 刘伯承"军神"之称的由来 [J]. 党史博采, 1998（04）：32-34.

用麻醉、不发出一声哼叫和数手术刀数三个细节的描写，表现他"神人"的一面。在摘除坏死眼球的手术面前，他为了要在日后保持军人头脑的清醒而拒绝使用麻醉剂。当沃克医生告诉他，手术需要"把烂肉和新生的息肉一刀刀割掉"时，他只是淡淡的一句"试试看吧"。当医生不能自持而忍不住劝他"你挺不住可以哼叫"时，他却"一声不吭"。最令人惊诧的是最后一个细节——手术结束，沃克医生由衷地表示"我真担心你会晕过去"，而他甚至还能勉力一笑地说"我一直在数你的刀数"，"七十二刀"。这是一种什么样的精神意志？沃克医生在惊呆中发现，他碰到了"一块会说话的钢板"，遇到了"军神"！

　　"一块会说话的钢板"，多么精到的比喻，是对"军神"的最好注解。

12　清　贫

　　《清贫》，散文。作者方志敏（1899—1935），江西省弋阳县人，原名远镇，号慧生，无产阶级革命家、军事家、杰出的农民运动领袖，土地革命时期赣东北和闽浙赣革命根据地创建人。该文，系1935年5月在国民党狱中所作。2009年，方志敏获评"100位为新中国成立作出突出贡献的英雄模范人物"。早在1978年，《清贫》即进入初中语文教科书。他的另一名篇《可爱的中国》，亦早已入选初等教育语文教科书。

　　（1）体味词句

　　"清贫"，有着显著的词语特色，清淡绵柔、风轻云淡中蕴藏的是"我"坚如磐石的清贫观、视死如归的革命英雄主义。课文词句真切、朴素，明白如话，近乎平淡，其实仔细品味，便能体悟其中精妙，一如静水潭深。"长期""一向""从没有"等时间概念词的连用，"朴素"与"奢侈"、"数百万"与"一点一滴"的对比使用，汇聚强大的语意力量，将"我"廉洁奉公、一尘不染的共产党人襟怀坦白无遗。"'你不要做出那难看的样子来吧！……想从我这里发洋财，是想错了。'我微笑着，淡淡地说。"言轻意重，没有疾言厉色的斥责，文中的"难看""想错""微笑""淡淡"，以及前文的"趣事"，词简意深，对国民党士兵丑恶的贪财嘴脸极尽嘲弄与揶揄；语气舒缓之中，渗透的是大义凛然、对敌人威吓的蔑视。"从我上身摸到下身"，"从袄领捏到袜底"，"将我的衣角裤裆过细地捏"……对国民党士兵拼命想发洋财、爱财如命猥琐行为的刻画惟妙惟肖。用"旧的汗褂裤""缝上底的线袜"注解加了引号的"传世宝"，凸显"我"艰苦朴素、矜持不苟的品格。

（2）疏解词语

▲而矜持不苟，舍己为公，却是每个共产党员具备的美德。

"矜持不苟"，严肃认真。例句中的"具备"，当理解为"应有"。

▲用凶恶的眼光盯着我，威吓地吼道……

"威吓"，在例文中显然是副词，而在现代汉语中则是动词，"用威势来吓唬"（《现汉》，P1357），因此，"威吓"的使用方法现在有所改变。

▲……想从我这里发洋财，是想错了。

"发洋财"，由来已久、使用甚广的俗语，原指跟外国做买卖得到的财物，后指意外得到的财物。《通俗常言疏证·发洋财》引《清朝野史大观》："华俄道胜银行破毁，其时汇丰尚存，屯银甚多，都中无赖，人人想发洋财矣！"值得注意的是，在实际语境中，它隐含有"意外得到的横财"之意，譬如在《清贫》中，"两个国方兵士"在"除了一只时表和一支自来水笔，一个铜板都没有"面前"被激怒"，那是因为发洋财、发横财的希望落空。

▲去年暑天我穿的几套旧的汗褂裤，与几双缝上底的线袜……

"汗褂裤"，即汗褂汗裤。"汗褂"，即汗衫，"一种上身穿的薄内衣；〈方〉衬衫"（《现汉》，P514）。"汗褂""汗衫"，顾名思义，与"汗"有关，而夏天是大汗淋漓的季节，故其就是指夏装薄衬衫。例句中"去年暑天我穿的"无疑点明了特点。至于"汗裤"，就是夏天穿的裤子，当然可能是长裤，也可能是短裤。"线袜"，袜子有机器纺织与手工编织之分。现在的线袜，多指机器生产的毛线袜、棉线袜等。但二十世纪七十年代之前，人们买不起袜子，就自己动手用粗棉线（编）织袜子穿。清贫的方志敏，穿的应该就是这种袜子。为给袜子塑形并增强耐磨性，一般会在袜底缝布即"缝上底"。

▲……已交给我的妻放在深山坞里保藏着……

"坞",一义"地势周围高而中央凹的地方"(《现汉》,P1392)。"深山坞",深山里的山坞,深山的山坳。"保藏"释义"把东西收存起来以免遗失或损坏"(《现汉》,P45)。

（3）升华主旨

课文最后一个自然段,以一个警句收束全文,揭示主旨,"清贫,洁白朴素的生活,正是我们革命者能够战胜许多困难的地方!"这里,要注意提醒学生,"清贫,洁白朴素的生活"中间是逗号,"洁白朴素的生活"是对"清贫"的注解,也就是说,我们今天学习《清贫》一文,不是要一味提倡清苦、守穷,而是要"洁白朴素",通过勤劳与勤俭创造美好生活——清白做人,廉洁奉公,拒绝不义之财;艰苦朴素,勤俭生活,远离铺张浪费。总之,"洁白朴素的生活"不仅是革命者的斗争法宝,也是我们每个人的生活智慧。

第五单元

13　人物描写一组

摔跤

　　《摔跤》，小说，选自《小兵张嘎》。作者徐光耀（1925—），河北雄县人，笔名越风，著名作家。1958年创作的中篇小说和电影剧本《小兵张嘎》，是其成就最为突出的代表作，并于1980年5月荣获第二次全国少年儿童文艺创作评奖一等奖（小说）。2002年9月，《昨夜西风凋碧树》获第二届鲁迅文学奖（散文）。2010年，《摔跤》（时题《小嘎子和胖墩儿比赛摔跤》）进入义务教育语文教科书。

　　（1）疏解词语

　　　　▲小胖墩儿跳起来，立刻退后两步，一闪身脱了单褂儿，叉着腰说，"来吧，是一叉一搂的，还是随便摔？"

　　"单褂儿"，北方用语，名词，一种无袖对襟薄上衣。

"一叉一搂的",形容词,小孩子摔跤的一种常规架势:先固定位置,然后叉开腿,相互搂抱,努力摔倒对方。

▲小嘎子精神抖擞,欺负对手傻大黑粗,动转不灵……

"动转",动词,运动。

▲可是小胖墩儿也是个摔跤的惯手……

"惯手",冀鲁方言,名词,好手。

(2)动物→人物

课文对小嘎子与胖墩儿两个孩子之间的摔跤,刻画生动,巧借动物来形容,12生肖用了1/3,分别是虎、鸡、猴和牛。这些动物,孩子们都很熟悉,读来亲切自然,活灵活现。

"虎""鸡":"各自虎势儿一站,公鸡鹞架似的对起阵来。""虎势儿",形容正式开摔之前的模样:彼此虎视眈眈,既紧盯对方,又摆出要干掉对方的气势。"公鸡鹞架似的",形容开摔之初,彼此上前—退后、攻击—躲闪这样一种尚未缠斗一起、像公鸡鹞架的状态。

"猴":"围着他猴儿似的蹦来蹦去,总想使巧招,下冷绊子,仿佛很占了上风。""猴儿似的",形容小嘎子像猴子一样"动转"灵活,这是他选择随便摔所依仗的优势。

"牛":"小胖墩儿膀大腰粗,一身牛劲儿,任你怎样推拉拽顶，硬是扳他不动。"牛有一股倔强劲，定在那里，很难把它赶动身。"一身牛劲儿"，形容小胖墩儿敦实有蛮力，这是他的摔跤优势。

他像一棵挺脱的树

　　《他像一棵挺脱的树》，小说，选自《骆驼祥子》。作者老舍（1899—1966），北京市人，原名舒庆春，我国现代著名作家、剧作家，杰出的语言大师。《骆驼祥子》，1936年9月在《宇宙风》连载，1939年由人间书屋正式出版。1951年，老舍被北京市人民政府授予"人民艺术家"称号，是新中国首位获此殊荣的作家。1953年，他当选全国文联主席、作协副主席。1966年8月，老舍含冤自沉于北京太平湖。1978年，老舍得到平反，并恢复"人民艺术家"称号。在中国现代文学史上，他是北京风土人情最为杰出的"画家"。他所反映的社会现实虽然不够辽阔，但很细腻。他置身所描绘的环境而又能俯瞰，把历史和现实、自然和社会、市井和人物、心态和语言……浓缩、糅合在一起，建构完整丰满、丰富多彩、有声有色、"京味"十足的文学、戏剧世界。他作品的语言平白精致、雅俗共赏，是提纯过的北京白话，如同釉面冰晶的瓷器，能映照时代和生活。他既主张表达自由，又注重作品社会性，如《骆驼祥子》的中心意旨在探寻振兴国运之路。除小说《骆驼祥子》之外，其代表作还有小说《四世同堂》、剧本《茶馆》《龙须沟》等。2019年，《他像一棵挺脱的树》开始进入统编小学语文教科书。

疏解词语

▲杀好了腰，再穿上肥腿的白裤，裤脚用鸡肠子带儿系住，露出那对"出号"的大脚！

"鸡肠子带儿"，方言，名词，一种粗细如鸡肠、中空的圆布带子（不是扁布条子），在新中国成立之前很普通，现已难得一见。在西南官话里，有"鸡肠带"一词，义为"棉线织的窄长带子"；在中原官话里，有"鸡肠带子"，义为"棉纱带子"。[①]"出号"，方言，形容词，比大号还大的，"特大号的"（《现汉》，P189）。

▲他没有什么模样，使他可爱的是脸上的精神。

他不甚注意他的模样，他爱自己的脸正如同他爱自己的身体，都那么结实硬棒……

"模样"，名词，长相、相貌。从后文对他"肉鼻子，两条眉很短很粗"等描写，我们知道他的长相并不好看。"硬棒"，方言，硬，结实有力。

▲这样立着，他觉得，他就很像一棵树，上下没有一个地方不挺脱的。

---

① 许宝华，宫田一郎．汉语方言大词典［Z］．北京：中华书局，1999（3028，3035）．

"挺脱"，方言，形容词，强劲，结实。（《现汉》，P1308）例文中，挺脱取第一义项，也就是课文中的硬棒。在老舍的笔下，主人公把挺脱看得重，"只要硬棒就好"。他要把腰勒紧勒细，"好更显出他的铁扇面似的胸与直硬的背"；"露出那对'出号'的大脚"，显示自己立足稳重，奔跑有力；"头上永远剃得发亮；腮上没有多余的肉，脖子可是几乎与头一边儿粗"，都是为了显得硬朗、强悍。如果说，以上这些主要是显得"硬"的话，那他剃光头发、束紧上衣、系紧裤脚主要就是显得"脱"——干练、利索。

两茎灯草

《两茎灯草》，小说，选自《儒林外史》。作者吴敬梓（1701—1754），安徽全椒人，字敏轩，亦有"文木老人""秦淮寓客"之称，清代文学家。他出身缙绅世家，早年生活豪纵，后备受家业衰落和科场不适、世态炎凉之苦。乾隆元年（1736），安徽巡抚赵国麟等力荐他参加博学鸿词科廷试，却托病不赴。在此前后，他开始创作长篇讽刺小说《儒林外史》，乾隆十五年基本完成。其间，生活困顿，靠卖文和朋友接济度日。乾隆十九年十月二十八日，吴敬梓在扬州回拜忘年友人，酒酣耳热，猝然辞世。检其行囊，"可怜犹剩典衣钱"，是两淮盐运使卢见曾慨然承担丧葬费用。吴敬梓工诗词散文，更开讽刺小说创作先河，对后世影响很深。发端于《儒林外史》，应运而生《孽海花》《二十年目睹之怪现状》《官场现形记》等一批谴责小说，形成批判腐朽封建社会的一股潮流。

《儒林外史》笔触犀利，无情鞭挞封建科举制度腐朽的本质和对知识分子心灵的戕害，并努力塑造理想人物。它的讽刺表达，不在言语上的贬斥，而在对特定人物状貌传神的行为描绘。它具有长篇小说的独特结构，不以中心人物、中心事件来提领，而以连缀的故事、紧邻的人物来串并，形成既彼此独立又前后呼应的艺术整体。《儒林外史》内容博大深刻，闪烁着民主自由进步的思想光辉。鲁迅的《中国小说史略》、胡适的《吴敬梓传》都对他推崇备至，"迨吴敬梓《儒林外史》出……其文又戚而能谐，婉而多讽：于是说部中乃始有足称讽刺之书"，"安徽的第一大文豪，……是全椒的吴敬梓"。2010年，《两茎灯草》（时题《临死前的严监生》）进入义务教育语文教科书。

（1）疏解词语

▲*严监生的病，一日重似一日，再不回头。诸亲六眷都来问候。*

"诸亲六眷"，成语，这里是首创，近乎"六亲"，泛指所有亲属、亲戚。成语"六亲不认"，就是不认亲戚，多形容大公无私。

▲*把管庄的家人都从乡里叫了上来。*

"管庄"，地名，管庄乡，北京市朝阳区下辖乡；管庄村，江苏省灌南县新安镇下辖村。从吴敬梓的生活轨迹，我们不难判断其应为管庄村。吴敬梓是吴雯延之子，后出嗣长房吴霖起为嗣子。康熙五十三年（1714），吴霖起任赣榆县（今江苏省连云港市赣榆区）教谕，携吴敬梓一同前往。灌南县管庄村，距离赣榆县城仅100多公里，其时应该均在淮安府辖区内。吴敬梓至少是听说过，甚至还可能路过或去过那里。

▲严监生喉咙里痰响得一进一出，一声不倒一声的……

"一声不倒一声"，俗语，一声连着一声。"倒"，读（dǎo），接、换，如"现在，从上海去青岛坐高铁需要倒车吗？"

▲众人看严监生时，点一点头，把手垂下，登时就没了气。

"登时"，副词，亦即"顿时"，立即。例句的语法，要放在近代汉语的角度去考量，如果放在现代汉语普通话的角度审视，便存在明显问题，会觉得"点一点头，把手垂下，登时就没了气"的是众人，而不是严监生。

（2）状貌传神

为表现主人公的悭（qiān）吝或对后人"时时忧贫"的告诫 [①]，作者通过描写主人公死不瞑目、较真一根灯草来进行

---

① 宋金民. 两茎灯草引发的冤案——严监生非吝啬鬼辨［J］. 太原师范学院学报（社会科学版），2017（06）：68.

刻画。"悭吝"与"告诫"都是深入骨髓的取向与诉求，没有具体的入木三分的行为刻画，是无法圆满的。事实上，作者以"总不得断气"下的"一出一伸""二指""一垂""三摇""一点"来推进主人公的垂死挣扎，成为小说中的经典。"一出一伸"，就是"还把手从被单里拿出来，伸着两个指头"；"二指"，就是"越发指得紧了"，"那手只是指着不动"；"一垂"，就是"把手垂下"；"三摇"，就是大侄子发问后的"他就把头摇了两三摇"，二侄子发问后的"把头又狠狠摇了几摇"，奶妈插口后的"把眼闭着摇头"；"一点"，就是"众人看严监生时，点一点头"。这些具体描写，将严监生心中惦念、拼死交代的心理表现得活灵活现。胆小的严监生，死得都是如此牵挂萦回、憋屈卑微。

14　刷子李

《刷子李》，短篇小说。作者冯骥才（1942— ），其作品注重运用细节描写来深刻反映人性变化，在生动刻画人物形象之中揭示社会本质。他善于将绘画技巧用于文学表达，语言富有画面感。他对中国传统文化情有独钟，徜徉于浩瀚的中华文化宝库，不知疲倦。冯骥才的作品色彩斑斓，倍受学生青睐。他另一篇文章《珍珠鸟》，与《刷子李》的体裁不同，作为小学语文教材的经典篇目，许久以来入选过多种版本语文教科书，现居统编本五年级上册之中。《刷子李》，选自小说集《俗世奇人》。2005年，它开始进入初中语文教科书。

（1）解读标题

"刷子李"，是一个双关语。"刷子"，既是一种劳动工具，在北京话里又表示技能、本领，相当于"手"，如"他又来了这么一刷子"①——表示"他又露了一手"。在日常生活中，"有两刷子""有两把刷子"更是一个使用甚为广泛的俗语。作为词语衍变的结果，其性质已发生根本改变，由谦辞演化为敬辞（誉辞），现多形容人能干、有能耐、有本领或有头脑。古代才华横溢的文人，视"笔墨纸砚"为珍宝，"四宝"之首是毛笔。文章精妙、书法精美者，面对别人的称赞，会谦称只是"有两把刷子"，久而久之，谦辞"有两把刷子"竟演变为誉辞。随着汉语普通话的推广，这种京味语言更辐射全国。②因此，"刷子李"，既表示粉刷工李师傅，又可解读为"李能人""李奇人"。

（2）文如"奇"人

课文从四个方面描写刷子李之"奇"——真"有两刷子"，刷子李由不得你不啧啧称奇。

一在奇"规"：粉刷墙面，但凡把粉浆沾到身上，"白刷不要钱"；"一天只刷一间屋子"，似乎是在磨洋工。

二在奇"装"：一般的粉刷工，都穿浅色或蓝色的工装，而他却"必穿一身黑"——粉刷时，"一身黑衣黑裤""黑布鞋"，专与白浆较劲。

三在奇"功"："每一面墙刷完"，他身上"居然连一个芝麻大

---

① 许宝华，官田一郎．汉语方言大词典［Z］．北京：中华书局，1999（3738）．
②《老炮儿》里的老北京话 句句都有规矩［EB/OL］．中国日报网，2016-6-19．

小的粉点"也没有；待到刷完最后一面墙，裤子上出现一个"黄豆大小"的白点，曹小三原以为师傅破了功，没想到是黑裤子上的小洞透出里面的白衬裤——作者运用了一招欲扬先抑，利用曹小三的亲眼所见、仔细辨别，凸显刷子李的奇功不假，"最让人叫绝"。

四在奇"效"："刷过去的墙面，真好比平平整整打开一面雪白的屏障。""他要是给您刷好一间屋子，屋里什么都不用放，单坐着，就如同神仙一般快活。"

（3）品味佳句

▲有人说这蘸浆的手法有高招，有人说这调浆的配料有秘方。

文本教学的一项重要内容，就是引导学生欣赏优美的语句，揣摩其中的语言表达技巧。例文是一个颇为工整的对偶句，上下两句字数完全相等，中间还有词语的对仗，"蘸浆"对"调浆"，"高招"对"秘方"。要引导学生咀嚼、品味此处的用词与造句。①

▲你以为师傅的能耐有假，名气有诈，是吧?

"能耐有假"与"名气有诈"叠加连用，由"能耐"到

---

① 顾黄初等．《九年义务教育全日制初级中学语文教学大纲（试用）》能力训练内容指要［A］．徐林祥．百年语文教育经典名著（第十三卷）［C］．上海：上海教育出版社，2017（43，48）．

"名气"梯度推进，凸显语汇的丰富，极大增强语句的力量。

（4）疏解词语

▲最让人叫绝的是，他刷浆时必穿一身黑，干完活，身上绝没有一个白点。

"刷浆"，"浆"，白石灰浆水；"刷浆"，刷石灰浆水。早年间，我国装修房屋、粉刷室内墙面，多是刷白色的石灰浆水。后来，条件好的房主会用"立邦漆"之类的内墙新型涂料代替。

▲他还给自己立下一个规矩，只要身上有白点，白刷不要钱。

……曹小三才知道师傅派头十足。照他的规矩一天只刷一间屋子。

刷子李干活还有一个规矩。每刷完一面墙，必得在凳子上坐一会儿，抽一袋烟，喝一碗茶……

三则例文，三个"规矩"，两种含义。前两个"规矩"的含义一样，都是"标准，要求"，第三个"规矩"的意思是"习惯"。

第六单元

15　自相矛盾[①]

　　《自相矛盾》，选自《韩非子·难一》。《韩非子》，战国时期著名思想家、法家代表人物韩非的著作总集，由后人辑集而成。韩非（约前280—233年），亦称韩非子或韩子，战国时韩国公子，与李斯同学于荀子，但后来却遭李斯进谗、构陷致死。全书二十卷，核心思想是以君主专制为基础的法、术、势结合，强调以法治国，以利用人，仁爱教化辅之，深刻影响秦汉以后中国封建社会发展。五十五篇相对独立的论文，篇名多表明文章主旨。该书思想犀利，文字峭刻，逻辑严密，警策世人。它寓言富集，故事精巧，许多脍炙人口的成语典故在中华文化历史长河中熠熠生辉。早在1982年，《自相矛盾》（时题《寓言二则》）即进入初等教育语文教科书。

---

　　① 参见：刘永平. 统编教材五年级下册中国古典作品误读解析［J］. 教学月刊·语文（小学版），2022（1-2）：94-95.

（1）厘清出处

"自相矛盾"成语也好，寓言也罢，其出处既可以说是《韩非子·难一》，也可以说是《韩非子·难势》，因为其主要内容确实存在于两篇之中。但就与课文《自相矛盾》的契合度而言，无疑是《难一》，课文就是其中一段。对比《难势》中的文字，差异明显——客曰："人有鬻矛与盾者，誉其盾之坚：'物莫能陷也。'俄而又誉其矛曰：'吾矛之利，物无不陷也。'人应之曰：'以子之矛，陷子之盾，何如？'其人弗能应也。以为不可陷之盾，与无不陷之矛，为名不可两立也。"①《难势》中的"自相矛盾"是对《难一》"自相矛盾"寓言的转述，旨在论证"贤治"与"势治"相对立时，"以不可禁之贤与无不禁之势"的"不可两立"。《难一》与《难势》都是驳论文，是对前人成说的辩驳、反驳，故而文题中的"难"，读音应当同为（nàn），义"辩难"，即"辩驳或用难解答的问题质问对方"（《现汉》，P83）。

（2）疏解词语

▲以子之矛陷子之盾，何如？

例文不算晦涩，但"以子之矛陷子之盾，何如？"句

---

① 高华平，王齐洲，张三夕译注．韩非子［J］．北京：中华书局，2019（607-608）．

的今译"用你的矛戳你的盾，会怎么样呢？"，可能其谬久矣、广矣。江苏教育出版社《小学语文备课手册（五下）》如此，中华书局《韩非子》全译本也如此。这样的译文，显然是把"陷"给弄错了。教材对其的解释是"刺破"，《古汉语常用字字典》《现代汉语词典》等工具书的释义也是"刺破""戳破"，而不是"刺""戳"。生活经验告诉我们，"刺""戳"无所谓，有"破"无"破"就大不一样。这样，"以子之矛陷子之盾"无疑应为"用你的矛戳破你的盾"。下半句"何如？"的解释，从语气的连贯性、语义的逻辑性出发，就不是"怎么样呢"，而是"怎么办呢"。其实，"何如"就有"怎么办"义，如："数岁，陈胜起，二世召博士诸儒生问曰：'楚戍卒攻蕲入陈，于公何如？'"① 因此，全句今译应为"用你的矛戳破你的盾，怎么办呢"。言外之意是，"你还'吹'吗？"鬻者（推销者）当然是"弗能应也"（哑口无言）。最后，自然是论者或即韩非的结论与劝谕——"夫不可陷之盾与无不陷之矛，不可同世而立"，即坚不可摧的盾与无坚不摧的矛，这两样东西不能同时存在、同时说。结合《难势》中"为名不可两立也"中的"为名"，课文中的"不可陷之盾"与"无不陷之矛"两道命题当然不好同时说，因为"它们所反映的是反对关系"，且其中蕴含矛盾关系，不能同

---

①〔汉〕班固.汉书［M］.北京：中华书局，2007（455）.

时为真。^① 言下之意，分开来说就不会出现思维与逻辑上的困境，姑且无妨。

（3）辨析寓意

韩非子是中国古代思想家、哲学家和散文家，法家学派最具代表性人物之一，是深得老子思想精髓的哲人。他思想深刻，文章睿智耀古烁今。就彰显第六单元主题"思维的火花跨越时空，照亮昨天、今天和明天"而言，选取他的寓言"自相矛盾"再恰当不过。我们必须紧扣单元主题揭示课文寓意。因此，《自相矛盾》的寓意应恰当地概括为：我们说话、下结论要能够自洽，即自圆其说，保证逻辑上的一致性，不能相互抵牾，更不能彼此否定。

---

① 李珂, 刘飞. 关于韩非"矛盾之说"的论争新析［J］. 湖南科技大学学报（社会科学版），2017（02）：39.

16　田忌赛马

　　《田忌赛马》，改写自司马迁《史记·孙子吴起列传》——具体在卷第六十五，七十列传第五，为我国古代三位著名军事家孙武、孙膑和吴起的合传。司马迁（前145年或前135年—？），今陕西省韩城市（一说山西省河津市）人，字子长，西汉史学家、文学家、思想家，被后世尊称为太史公。司马迁早年漫游神州，博闻采风。后初任郎中，奉使西南；继则任太史令，承父遗志，尊崇董仲舒与孔安国，著述历史。他既深受父亲熏陶，又遍览皇室藏书，且广历大地山川、风情，熟稔朝野人物，"自然能够取精用宏、肆应不穷"[①]。加之受宫刑逼迫，进而发愤而起，终成史籍巨制《史记》，开纪传体史学先河。梁启超赞《史记》之行文，叙人将面目活现，叙事条分缕析，缜密清晰。鲁迅誉《史记》为"史家之绝唱，无韵之

---

　　① 叶绍钧，朱自清. 略读指导举隅［A］. 徐林祥. 百年语文教育经典名著（第九卷）［C］. 上海：上海教育出版社，2017（125）.

离骚"。毛泽东认为,《史记》是史诗,"单以文章论",司马迁"也不朽了"。①但是,"史记"在古代是记事之史的通称,并非司马迁著作专名。作者在世时,没有为此鸿篇巨制取一个统摄全部的专名,甚至刘歆《七略》、班固《汉书》也只是称其为"太史公百三十篇"。大概在南朝宋著名史学家、文学家范晔《后汉书》里,始有"司马迁著《史记》"之说。

早在二十世纪八十年代,《田忌赛马》即进入初等教育语文教科书。

(1)疏解词语

▲孙膑是齐国大将田忌的门客,田忌对他非常赏识。

"齐国"(前1046—前221),我国历史上从西周到春秋战国时期的一个诸侯国,分为"姜齐"和"田齐"两个时代,疆域覆盖今山东省大部、河北省南部,国都临淄(今山东省淄博市临淄区)。齐桓公时,成为濒临大海的东方大国,列春秋五霸之首,有"海王之国"称谓。至"田齐",成为战国七雄之一。前221年,齐王建向秦王政投降,齐国覆灭,秦统一中国。"田忌赛马",发生在齐威王田因齐在位时期,即前356年至前320年。

"门客",寄食于贵族门下并为之服务的人,是贵族地位

---

① 曹英,靳成. 震撼共和国的大阴谋[M]. 团结出版社,1993(30).

和财富的象征。春秋时期始有门客，且迅速盛行养客之风。门客多有真才实学且有等级之分，优秀的能为主人尽辅佐之责乃至尽"两肋插刀"之忠，楚国的春申君、赵国的平原君、魏国的信陵君、齐国的孟尝君等都以豢养门客在历史上赫赫有名。

▲孙膑看了几场比赛后发现，大家的马脚力相差不多，而且都能分成上、中、下三等。

"脚力"，名词，两腿的力气。马脚力，代表马奔跑的能力。"大家的马脚力相差不多"很关键，这就为后文孙膑的献策奠定基础。如果田忌的与齐威王、贵族他们的马脚力相差太大，那田忌的上等马可能也比不过其他人的下等马。

▲后来，齐威王任命孙膑为军师。

"军师"，作为古代职掌监察军务的正式官名，首现于东汉。但据现有史料，"军师"一职，起码是在我们所学的《史记·孙子吴起列传》之中便已出现，即课文的最后一个自然段及《史记》原著的下文，即"于是忌进孙子于威王。威王问兵法，遂以为师。……齐威王欲将孙膑，膑辞谢……乃以田忌为将，而孙子为师。居辎车中，坐为计谋。"这里的"师"，即"军师"，就是平时王的军事顾问，战时将军的助手，"坐为计谋"。"军师"，现泛指给人出主意的人。

（2）思维谋略

《田忌赛马》是第六单元"思维的火花"中的一篇课文。人类社会思维的火花闪烁在方方面面：有表现质疑或发散性思维的《自相矛盾》——多问一句，戳穿楚人的吹嘘谎言、思维错乱；有表现权宜的《跳水》——船长创造性思维，权衡利害，在儿子摔到甲板与跳进大海之间逼迫其跳海，两害相权取其轻，救其性命；有表现谋略的《田忌赛马》——孙膑机灵睿智的战术谋略，决定了一场赛马比赛的输赢。历史上，孙膑还有"围魏救赵"审时度势的战略计谋，取得对宿敌魏国庞涓的战场胜利，解救赵国于危亡之中。

17　跳　水

　　《跳水》，短篇小说。作者列夫·托尔斯泰（1828—1910），十九世纪中期至二十世纪初俄国伟大的批判现实主义作家、政治思想家、哲学家，代表作有《战争与和平》《安娜·卡列尼娜》《复活》等。今俄罗斯联邦图拉州小城亚斯纳亚博利尔纳（义为：空旷的林间地），是他出生、生活和长眠的地方。译者吴枨之，生平不详。早在1982年，《跳水》即进入我国初等教育语文教科书。

　　（1）推敲标题

　　联系实际和科学态度，是语文教育的基本原则。^①在文学作品的翻译中，需要注意克服文化差异，以准确表达作品思想内涵，避免导入理解与思维误区。《跳水》，让人首先想

---

　　① 朱绍禹. 中学语文教育概说［A］. 徐林祥. 百年语文教育经典名著（第十一卷）［C］. 上海：上海教育出版社，2017（26）.

到的是体育运动项目跳水，然后想到的是证券价格、指数等急速下跌，在中国文化里，"跳水"的意涵就是如此，《现汉》（P1302）也是这么解释。至于非正常、非一般意义的"跳水"，都要与水的主体相连，如跳河、跳江、跳湖、跳海。特别是，一旦出现跳河、跳海之类的辞藻，也就意味着悬念，意味着特殊情况的发生。联系《跳水》课文，无论是就其内容，还是就其在中国文化里的表达习惯，尤其是鉴于课文的体裁（小说）要求，课文标题都更应当是《跳海》。我们不懂俄文，不知原小说标题是否就是《跳水》，即便是，在汉译过程中，也应当转换为《跳海》，因为死译是翻译大忌，译文应当力求适应目标语言的文化场景。

（2）发掘意涵

《跳水》具有多侧面、多维度的思维意义，需要深度发掘。从水手们的角度，他们取笑猴子，取笑猴子与船长儿子相互间的嬉戏、较量，却忽略了孩子面临的风险。从船长儿子的角度，他先是轻视猴子，"也笑得很开心"，没想到被猴子打了个措手不及，"摘下他的帽子"，自己落得个"哭笑不得"。接下来是面对猴子的一系列戏弄，他"气得脸都红了""气极了"，还信心满满，自以为"你逃不了"，最后，没想到被猴子牵着鼻子走，陷入险境，"只要一失足……就没命了"。从船长的角度，他面对儿子身处巨大危险的突发情况，一没有慌乱，二没有责怪任何人，三没有运用直线思维，而是转换思维，立刻用上手里的枪，"向海里跳！快！不跳我就开枪了"，"一！二！"孩子在心惊胆战之中不能细想，就"像颗炮弹一样扎进了海里"。最终，孩子得以获救。其实，水手、"儿子"、船长三个侧面的思维意义，都还是课文表层的，深层的思维意义在哪里？在两个方面：第一，就是中国人的祸福相依辩证思维，"祸兮福之所倚，福兮祸之所伏"。本来，环游世界已经回航，且风平浪静，还有猴子取乐，大家哈哈大笑，完全沉浸在幸福之中。没想到，乐不可支竟然使事情反转成心惊肉跳，差点把船长十一二岁宝贝儿子的性命给搭上。最终，是船长用上枪，二十来个水手拼了命，才把孩子从大海中救上来，使整个事情化险为夷。它告诉人们，在祥和、喜悦之中，要存乐中有悲、安中有危之心，乐而不忘悲，安而不忘危，增强风险意识，注意防范化解风险。第二，就是人与动物各有所长的辩证思维。虽说人是"万物之精灵"，但人无法在任何情况下都能超越动物，动物也有智慧。猴子除了有很高的智力，还有超越人的攀爬能力，不仅是孩子爬不过猴子，水手们也爬不过。孩子高估了自己，觉得爬不过猴子有失尊严，实际上是认不清自己，是以己之短博猴之长。因此，我们在与动物相处的过程中，要清醒认识自己，不能自我感觉过于良好。引申开去，就是要善待动物。

（3）"他的"

在外文的表达中，多用人称代词的所有格"他的""我的"等，似乎很严谨，但在中文的习惯表达中常常将其省略，反而使句意更为准确。课文第5自然段"孩子心惊胆战，站在横木上摇摇晃晃的，没听明白他爸爸的话"句中的"他"，实际是"他的"，应属对原文的死译，既显多余，又生歧义，使人产生还有另外一个人的爸爸的错觉。即使联系上下文可以消除歧义，但保留"他"也甚显累赘，故删除为佳。

第七单元

18 威尼斯的小艇

《威尼斯的小艇》，散文（游记）。作者马克·吐温（Mark Twain，1835—1910），原名萨缪尔·兰亨·克莱门（Samuel Langhorne Clemens），美国批判现实主义文学的奠基人，被誉为"美国文学史上的林肯"。马克·吐温一生丰产，涉及小说、剧本、散文等多方面。他的作品无情鞭挞不合理的社会现象与人性的丑恶，洋溢强烈的正义感，幽默和讽刺是其显著的风格特征，前后期语言表现出从讽刺辛辣到暴露激烈的嬗变，代表作包括《百万英镑》《哈克贝利·费恩历险记》《汤姆·索亚历险记》等。2006年，马克·吐温在美国权威期刊《大西洋月刊》"影响美国的100位人物"榜单中，名列第16位。"马克·吐温"是他的笔名。经历了比较底层的密西西比河上的船舶舵手、领航员生涯之后，1862—1863年的岁末年初，他谋得弗吉尼亚城《企业报》记者一职。为了报道方便，"我就开始拿密西西比河上测深员使用的行话'马克·吐温'

（两英寻）来用于通讯稿署名"。[①]从十九世纪六十年代开始，马克·吐温多次往返欧陆旅行，并应约撰写旅行通讯、旅行记。1878—1879年，他连续在欧洲旅行长达14个月之久。回国后，翌年出版《国外旅行记》。《威尼斯的小艇》应是其中的一篇作品。这是一篇写景散文，自然清新、轻松活泼，乘船观景，从小艇切入，恰到好处地表现威尼斯的异域风情，反映并赞美欧陆人的富足、闲适、高雅的生活，与北美大陆贫困、劳碌、粗野的景象构成鲜明对比，隐含一种自我批判精神。

译者刘正训，生平不详。二十世纪三四十年代，他曾在商务印书馆、光明书局出版纽曼的《进化论之今昔》、马克·吐温的《傻子旅行》等译作。早在二十世纪八十年代，《威尼斯的小艇》即进入我国初等教育语文教科书。

（1）移情共情

抒情遣意是散文的宗旨。为什么马克·吐温对威尼斯的小艇情有独钟？为什么朱自清对威尼斯"海中的城"一往情深？你可能说，是作者对其产生了共情。是的，但为什么不是马克·吐温对"海中的城"、朱自清对小艇共情专情呢？关键取决于作者的移情，移情激发共情。1858年前后，马克·吐

---

① 查尔斯·奈德编，朱攸若译. 马克·吐温自传［M］. 杭州：浙江文艺出版社，2011（115）. Mark Twain，音译是"马克·吐温"，意译是"标志二（两）"（直译），实指"两英寻——12英尺"。

温在密西西比河上的"约翰·杰·罗"号货轮①、"宾夕法尼亚"号快班客轮等轮船上，断断续续当过一段时间的舵手、领航员。造化弄人的是，在"约翰·杰·罗"号上，他邂逅的一位美丽的十四岁姑娘劳拉·赖特，后来让他"魂牵梦萦"了近五十年。② 在他眼里，"那是条可爱的拖轮……是条悠闲得叫人心醉的船"，船上的人都亲切可爱。这样，发生在马克·吐温身上的移情共情脉络就十分清晰：他爱劳拉·赖特→爱"约翰·杰·罗"号（爱船）→爱威尼斯的小艇→作《威尼斯的小艇》。朱自清因为钟情江南的水乡，当然也就陶醉于"海中的城"，作《威尼斯》。

（2）探究"小艇"

马克·吐温是身在威尼斯小艇上吗？几乎所有的专家、学者都在作肯定的解读，我们认为这是错误的，是把马克·吐温所乘坐的游船与威尼斯人日常的小艇贡多拉混为一谈。人们大多有这样的旅游体验，游客乘坐的游船要比当地普通船只豪华许多，这才有马克·吐温笔下的"皮垫子软软的像沙发一般……我们拉开窗帘"。他是坐在有着封闭船舱的、舒适的游船上，细心观察威尼斯的主要交通工具贡多拉小艇，"又窄又深，有点儿像独木舟……"。我们不难想见，贡多拉小艇是少

---

① "约翰·杰·罗"号虽是货轮，但船长总会违规搭载些乘客。

② 查尔斯·奈德编，朱攸若译. 马克·吐温自传［M］. 杭州：浙江文艺出版社，2011（88）.

有船篷的，更不会有窗帘。关键是，装上船篷或封闭船舱的小艇还"像挂在天边的新月"吗？课文配图，也能很好地印证我们的分析。事实上，威尼斯的交通工具不光有小艇，还有公共交通工具汽艇，前者相当于自行车。^①总之，作者所乘坐的应该是服务世界各地游客的游船，与其笔下的威尼斯小艇有着较大区别。

（3）认识修辞

精当的修辞，给《威尼斯的小艇》增添无穷魅力。

①比喻与夸张，赋予小艇美的意境与灵动。"威尼斯的小艇……船头和船艄向上翘起，像挂在天边的新月；行动轻快灵活，仿佛田沟里的水蛇。""两边的建筑飞一般地倒退，我们的眼睛忙极了，不知看哪一处好。""挂在天边的新月"给读者无限美的遐想，是对威尼斯小艇脱胎换骨的神圣化；"田沟里的水蛇"触动读者质朴的心灵，很多人都有童年田沟"哧溜"水蛇的浪漫回忆；"飞一般地倒退"，强化读者目不暇接的心情，使小船的灵巧、快捷神乎其神。

②拟人，揭示水城生命的本质与律动。"静寂笼罩着这座水上城市，古老的威尼斯又沉沉地入睡了。"威尼斯是城市，是人的城市，因为人有苏醒睡眠，所以它也有苏醒睡眠；威尼

---

① 刘少才. 威尼斯贡多拉，驶过静静的水巷［J］. 交通与运输，2006（05）：25.

斯是水上城市，小艇出动它就苏醒，小艇停泊它就入睡。也就是说，小艇给了水上小城生命，小艇在威尼斯人生活中的作用不可或缺：因为它动，白天才有商人"沿河做生意"，才有青年妇女"高声谈笑"，才有孩子"到郊外去呼吸新鲜的空气"，才有老人"带了全家……上教堂去作祷告"；夜晚才有一大群人有序散去，且"远处传来一片哗笑和告别的声音"。当它停泊，小城就被静寂笼罩，就"沉沉地入睡了"。然而，这只是一天生命周期的结束，待到明日来临，小城又复归喧闹。

（4）润色语言

课文末段的最后两句表述——"高大的石头建筑耸立在河边，古老的桥梁横在水上……古老的威尼斯又沉沉地入睡了"，有润色的空间。第一，是"耸立在河边"与"横在水上"不够均衡对应；第二，是两个"古老的"挨得太近，显得词汇贫乏。第一个问题，鉴于第三自然段就有"耸立在两岸的古建筑"，故宜将"耸立在河边"改为"立在河边"。第二个问题，在二十世纪九十年代初的教材里似乎是"残破的桥梁横在水上"，现版本把"残破的"改成了"古老的"，却与下一个"古老的"重复。我们没有看到英文原文，从现有中文译本来推敲，可将"古老的威尼斯"改为"悠远的/久远的威尼斯"。这样，润色后的例文是："高大的石头建筑立在河边，古老的桥梁横在水上……久远的威尼斯又沉沉地入睡了。"

19　牧场之国

　　《牧场之国》，散文。作者卡雷尔·恰佩克（Karel Čapek，1890—1938），捷克作家、剧作家、科幻文学家、童话寓言作家和新闻记者，曾任捷克笔会主席。1909年，他在查理大学攻读哲学。翌年，发表科幻剧本《万能机器人》，首创"机器人"一词，成为世界科幻文学的经典。他思想进步，以运用虚幻、象征的现代派手法见长，擅长讽刺、幽默和幻想，勇于揭露、嘲讽社会生活中的丑恶现象；直面科技进步的巨大两面性，坚持科学服务人类原则；以笔为武器，积极投身反法西斯斗争。他对生活充满热忱，多才多艺，为自己的文学作品绘制插图；游历欧洲多国，著有《英国书简》《西班牙之行》和《牧场之国》等作品。他的《鲵鱼之乱》《小狗达西卡》及《九个童话故事》等图书在捷克家喻户晓，也在世界文学园地闪烁光芒。

　　译者万世荣（1930—），湖北应城人，外交官，资深翻译家。他比恰佩克晚了四五十年入捷克查理大学学习，毕业后在中国驻捷克大使馆工作，曾任使馆一秘和参赞、外交部苏欧司参赞，译有《捷克古老传说》《底层的珍珠》和《聂鲁达情书与游记选》等十余种作品。《牧场之国》，摘自《海国风情》，标题由原题《田园诗情》改为现题。本世纪初，《牧场之国》开始进入我国义务教育语文教科书。

（1）推敲结构

课文共6个自然段，第1自然段就是一句话，恰好是总句，"荷兰，是水之国，花之国，也是牧场之国"，言简意赅，"也是牧场之国"引发下文的勾勒与描绘，具体在四个自然段展开。首先（第2自然段）描写最主要的动物花牛。"极目远眺，四周全是碧绿的丝绒般的草原和黑白两色的花牛"，末句是"这就是真正的荷兰"。如果说课文第一段是总句、序曲的话，那第2自然段末句就是全文吟咏的主旋律，将在下面的段落中反复出现。接着（第3自然段）描写大型动物骏马。行文第一句即是"这就是真正的荷兰"，可谓是上一句的"回旋"，然后才是"碧绿色的低地镶嵌在一条条运河之间，成群的骏马……辽阔无垠的原野似乎归它们所有……"。再接着（第4自然段）描写小型动物羊（绵羊、山羊）、猪、鸡。"悠然自得"，"安闲地欣赏着这属于它们自己的王国"，该段的尾句又是"这就是真正的荷兰"，主旋律再次响起。最后接着（第5自然段）描写人在牧场的极为有限的存在：傍晚才过来，偶有汽笛声，"谁都不叫喊吆喝"，"默默无言"挤奶，"装满奶桶的船只在舒缓平稳地行驶"，"车船过后，一切又恢复了平静"。至此，文章所要描写的主体已经完成。可谁曾想到，最终又出现了第6自然段，而它就是文章的主旋律"这就是真正的荷兰"。回头检视，第5自然段却只是变奏没有主旋律，这显然是不合理的，从结构来讲也是不美的。如果把现有的第6自然段插在第5自然段的起始，那第3、第5自然段的格局就是一样的，首句都是对上一个自然段末句"这就是真正的荷兰"的回旋，那岂不美哉——

牧场之国

▲现有结构

①荷兰，是水之国，花之国，也是牧场之国。

②……这就是真正的荷兰。

③这就是真正的荷兰。……

④……这就是真正的荷兰。

⑤…… ……

⑥这就是真正的荷兰。

▲修改后结构

①荷兰，是水之国，花之国，也是牧场之国。

②……这就是真正的荷兰。

③这就是真正的荷兰。……

④……这就是真正的荷兰。

⑤这就是真正的荷兰。……

捷克作家伏契克评价恰佩克是"诗人"，证明了我们这样调整深刻的合理性。[①] 当然，我们不妨离开诗歌与"主旋律"

----

① 〔捷克〕恰佩克著，万世荣、徐浩译. 海国风情［M］. 上海：上海文化出版社，2000（366）.

的视角，从常规的"总分"结构来评判。课文首段无疑是总句，那最后一段也是总句吗？用末句"这就是真正的荷兰"作为总句去呼应"荷兰，是水之国，花之国，也是牧场之国"，可是中间段落并没有描绘"水之国，花之国"啊！根本呼应不了。显然，"这就是真正的荷兰"只是对牧场之国的咏叹，不是对全文的总括，不宜作为单独一个自然段收拢全文。这篇课文，应该是"总—分"结构，而不是"总—分—总"结构。这样，就以第5自然段的末句"沉睡的牲畜，无声的低地，漆黑的夜晚，只有远处的几座灯塔在闪烁着微弱的光"结束全文，正好是牧场一天的终了，干脆而贴切。我们没有看到课文的捷克文原文，但我们认为，译者、编者完全可以也应该对原文进行合理的演绎，甚至是美化。翻译的过程，既是双语交互的过程，更是文化交融的过程，不应排除局部的再创作，正像《牧场之国》的原题是《田园诗情》一样。[①]

（2）"真正的荷兰"

课文的标题《牧场之国》，外加文中第2、3、4、6自然段四次出现的"这就是真正的荷兰"，令少数教师在教学中偏离对荷兰的正确认识，真以为荷兰就是牧场之国，就是一个大牧场，以至于认为"夜晚的宁静也是荷兰的一大特点"。[②] 殊

① 〔捷克〕恰佩克著，万世荣、徐浩译.海国风情［M］.上海：上海文化出版社，2000（333）.

② 张上禄.《牧场之国》中的拟人［J］.小学语文教学，2008（07）：68.

不知，牧场只占荷兰国土的三分之一[①]，而且，除了战火纷飞的极端情况，世界各地的草原牧场，夜晚也是一样宁静。"牧场之国"只是作者在这篇文章里刻意表现出的、对荷兰大为欣赏的侧面，不仅他写荷兰还有《鲜花之国》《在海滩上》《海港》等诸多美文，而且课文的第一自然段也交代得很清楚，"荷兰，是水之国，花之国，也是牧场之国"。恰佩克聚焦"牧场之国"，反复吟咏"这就是真正的荷兰"，是抒发、升华对牧场静谧、自由、自治、和平、安详等特质的炽热情感与价值认同，并非要否定"水之国，花之国"等其他侧面。事实上，荷兰除了美丽恬静的乡野田园，还有光怪陆离的国际都市，譬如阿姆斯特丹。

[①] 刘少才. 如诗如画的荷兰牧场［J］. 中国畜牧业，2017（13）：50.

20　金字塔

.

金字塔夕照

　　《金字塔夕照》，散文。作者穆青（1921—2003），安徽蚌埠人，我国当代著名新闻记者，曾任中共中央委员、新华通讯社社长。1937年底，他参加八路军，后来进延安鲁迅艺术文学院学习。五十年代末，担任新华社副社长。八十年代，在党的十二大上当选中央委员，先后出版《穆青散文选》、散文摄影集《彩色的世界》，并任新华社社长，兼任中国新闻学院院长。穆青在文坛深耕不息，成果丰硕。新中国成立后，他的许多篇报道成为中国新闻界的范文，《县委书记的好榜样——焦裕禄》《为了周总理的嘱托》等充满时代精神和艺术生命力、感染力。他的新闻作品、新闻思想与实践，是与二十世纪中国新闻史血肉相连的篇章。《金字塔夕照》，系其1982年7月所作，至迟可见于《彩色的世界》。2019年，《金字塔夕照》开始进入统编小学语文教科书。

疏解词语

▲从<u>少小</u>时候起，我就听到过许多有关金字塔的传说，向往着它神秘的风采。

"少小"，到底多大？可是不小。"少"，少年、青年，跟老相对。成语"少长咸集""老少咸宜""年少有为"之"少"，都作"年轻"解。"古人所谓少，包括青年时期。凡未满三十岁都叫少。""小"比"少"更为年轻，一般指幼童、孩童、儿童，十二三岁以下。"少小"连用，重在少，在年轻。[①]穆青作《金字塔夕照》，时年过了61周岁，故讲"从少小时候起……"是恰当的，太小时不会主动关注金字塔。文中的"少小"之义，当与贺知章《回乡偶书（其一）》"少小离家老大回，乡音无改鬓毛衰"中的无异。

不可思议的金字塔

《不可思议的金字塔》，说明文。它是对金字塔的叙述，与描述金字塔的散文《金字塔夕照》互文，能够极大丰富读者对金字塔历史文化内涵的认知，在领略金字塔夕照美景的同时，掌握关于金字塔的一些必要知识，从而增加对金字塔神秘性、神圣性的感知，深化对金字塔夕照的审美体验。2019年，它作为自编课文开始进入统编小学语文教科书。

[①] 张仲清. 贺知章生平小考［J］. 绍兴文理学院学报（哲学社会科学版），2002（03）：11.

认识文本

《不可思议的金字塔》分为两个部分，"最大的金字塔——胡夫金字塔"与"建造金字塔时的古埃及"，但每个部分都是以非连续性文本的形式展开。所谓非连续性文本，又称"间断性文本"，就是文本不具有叙事、文学上的连续性，而由逻辑、语义、语感连接并不严密的片段构成，且多以"◇、○、●"等特殊符号区隔，课文中用的就是"◇"。文本内容，除了纯文字段落，往往还附有或连带图表、图片及文字说明、有声读物等。"最大的金字塔——胡夫金字塔"，是以图片及文字说明开始，接着是4个片段说明，包括其建造年代、结构规格与特征，以及塔高与地日平均距离之间的数量关系。"建造金字塔时的古埃及"，则以5个文字片段与4幅图片构成前后两个部分：文字片段内容包括尼罗河的地位、古埃及人的科学成就与造船技术、尼罗河上游的采石场遗址和古埃及人的石窟陵墓及神庙；后半部分则是前文附图照，包括尼罗河形状略图。审视《不可思议的金字塔》，我们不难发现非连续性文本的优势，即简要、醒目、便于阅读。但劣势也非常明显，那就是知识碎片化和逻辑性、思维理性钝化。

21　杨氏之子①

　　《杨氏之子》，选自《世说新语》。作者刘义庆（403—
444）②，今江苏徐州人，字季伯，南朝宋文学家，宋宗室，
曾任荆州刺史、江州刺史等。他才华出众，著有《徐州先贤
传》《典叙》《世说》以及《宋临川王刘义庆集》等多部作
品。《世说新语》，文言志人小说集，魏晋南北朝时期笔记小
说的代表作，主要记载东汉后期到魏晋间士族阶层中的言行与
轶事。《世说新语》，亦名《世说》《世说新书》，大约宋代
以后才改现称。全书依内容分"德行""言语""政事""文
学"等三十六类，每类有若干则故事，长短不一，如属于"言
语"类的《杨氏之子》，课文仅55字。书中人物在历史上实
有，但其言论或故事部分源于传闻，不乏艺术再现。我们从中

---

　　① 参见：刘永平. 统编教材五年级下册中国古典作品误读解析［J］. 教学月
刊·语文（小学版），2022（1–2）：95–96.
　　②《世说新语》，一说由刘义庆所组织的门客联合编撰。

也可以看到，魏晋时期谈玄蔚然成风，对当时士人生活方式和整个社会风气影响甚巨。《世说新语》的语言精练含蓄，隽永传神。本世纪初，《杨氏之子》进入义务教育语文教科书。

疏解语句

▲为设果，果有杨梅。

"为设果，果有杨梅"句的解释，几乎清一色都是"杨氏子为孔君平摆放水果"，我们认为值得商榷。这样的解释，忽略了古代交往的一个基本礼仪，即"古代客人来访，必定要带见面礼……在选择礼物时，凡是天时所不生的，地上所不长的，君子则不用之为礼"[①]。也就是说，古人的"见面礼"都是自然生长的物产，譬如水果。我们完全可以推测，颇有身份的孔君平前来拜访是可能携带了杨梅等水果作见面礼的。从礼节与逻辑上讲，孔君平来访，杨家并无准备，因为"父不在"。杨氏家中不大可能预备下几种水果让儿子来招待客人。因此，"为设果，果有杨梅"句，应当解释为：孔君平在杨氏子面前摊开所带礼品水果，其中有杨梅。接下来，孔君平"示儿曰"等言谈一气呵成，就是一幅逗笑孩子的场景。杨氏子与孔君平的对答，已足显聪慧，无须加上杨氏子以水果待客的行为来作进一步证明。

---

① 刘心. 中国古代的拜访礼［J］. 现代交际，2000（12）：7.

▲未闻孔雀是夫子家禽。

《杨氏之子》是文言文，应当使学生学会正确断句。课文句读并不复杂，但人教社《教师教学用书》对"未闻孔雀是夫子家禽"句的停顿处理"未闻孔雀/是/夫子家禽"[①]，我们认为不够准确、精细，应该断为"未闻/孔雀/是/夫子家/禽。"因为，《教师教学用书》同样载明：课文中的"家禽"指"家中的鸟"，不同于现代汉语中的"人类为了经济或其他目的而驯养的鸟类，如鸡、鸭、鹅等"（《现汉》，P624）。"家禽"在今天已是一个固定词语，一时难以溯源。

---

① 人民教育出版社，课程教材研究所，小学语文课程教材研究开发中心. 教师教学用书（语文 五年级下册）[M]. 北京：人民教育出版社，2021（170）.

22　手　指

　　《手指》，散文。作者丰子恺（1898—1975），今浙江桐乡人，原名丰润，号子颛，后改子恺，我国现代著名书画家、散文家、翻译家，现代中国美术事业的开拓者和奠基人。新中国成立后，丰子恺曾任上海美协主席、上海中国画院院长等职。丰子恺国文师从夏丏尊，创作大量散文，结集出版《缘缘堂随笔》《缘缘堂再笔》《缘缘堂续笔》等多部散文集，在现代文学史上自成一格。其作品感触于日常，行笔朴素自然，风格隽永疏朗，"在真朴琐屑之中饱含情理，于细微处发现宏旨精义，而且处处浸润着作者那疏淡俊逸的人格调子"①。他提倡为人生而艺术，主张反映人生、关心人民疾苦的现实主义文学原则。《手指》，原作于1936年3月，是年5月在《宇宙风》发表。本世纪初，它进入义务教育语文教科书。

---

　　① 钱理群，温儒敏，吴福辉．中国现代文学三十年［M］．北京：北京大学出版社，2013（312）．

丰子恺绘画师从李叔同。1921年，他到日本东京短暂游学，偶遇竹久梦二的《梦二画集·春之卷》，颇为欣赏，视为"无声的诗"，激发自己走上简笔漫画创作道路。他的画作独树一帜，简约朴实，饶富童趣，多反映社会现象，以"曲高和众"的艺术取向和"小中能见大，弦外有余音"的艺术特色备受世人青睐。丰子恺的艺术成就流芳后世，1998年，坐落于浙江省桐乡市石门镇的丰子恺纪念馆建设完成；2020年，国家天文台将小行星1998VV35命名为"丰子恺星"。

（1）疏解词语

▲重东西要翻倒去，叫他用劲顶住……

"翻倒（dǎo）去"，即翻倒，或倒去。在现代汉语中，单音节词、三音节词都少于双音节词。例句中的"去"，作趋向动词，表示动作的继续等（《现汉》，P1080）。"翻倒去"就是翻倒下去。

▲……让大拇指和食指去出力，他只在旁略为扶衬而已。

"扶衬"，动词，非今日用法，现代汉语里的方言"帮衬"与其等价同义，义为帮助、帮忙。（《现汉》，P39）

（2）感受谐趣

《手指》通篇充满谐趣，让我们震撼的"是浸润在字里行间里的丰子恺先生那种'人生艺术化'的立场与姿态，那种用童真的眼光来打量世间万物的气度与境界"。[①]手指舞模仿人的肢体，已经令人啧啧称奇，何况《手指》写作的高度拟人化，比拟人的思想与姿态，写手如写人，近乎把手指当人来写，岂能不趣味盎然？如：食指"具有大拇指所没有的'机敏'，打电话、扳枪机必须请他"，中指"个子最高，无名指、食指贴身左右，像关公左右的关平、周仓……处处显示着养尊处优的幸福。每逢做事，名义上他是参加的，实际并不出力"。形神兼备的形容，妙趣横生。大拇指"身体矮而胖，头大而肥"，食指的"姿态可不如其他三指窈窕"，中指"相貌最堂皇"，无名指和小指"体态秀丽"、正是"'兰花'中最优美的两瓣"。丰子恺不是在静态而是在动态之中写手指，手指活灵活现，以活力添趣。文中的手指，不是作者与读者眼前的死板静物、模特，而是翻书写字、拉琴舞蹈、揿铃解扣、顶物打枪、研粉蘸药、搔痒掏耳……生活中做事干活、体现力与美的手指。作者贯通为文与作画二道，对五指漫画般素笔白描，"体物入微"的生活描写超越平凡，显示超凡。

（3）把握意涵

《手指》，大篇幅的丰富谐趣不掩关键处的深刻意趣、

---

① 俞晓霞．"手指"上的风景——读丰子恺的散文《手指》［J］．名作欣赏，2009（12）：84．

意涵。关键处，在原文的一头一尾。原文开始部分开宗明义，清楚交代作此文的意涵意旨："却未能同情于他（上田敏——引者注）的无名指最美说。""上田氏的所谓'美'，是唯美的美。……这是世纪末的颓废的美，不是新时代感觉的力强的美。"① 教材编者可能觉得关于"唯美主义""为艺术而艺术"文艺思潮的论争离小学生心智太远，而把原文三个多自然段的内容都删了，这是对的。但语文教师需要了解该文的原主旨，而且要在日本人的"无名指最美说"与中国人的谚语"十个（根）指头有长短"之间发现鲜明的逻辑联系——后者就是对前者的有力批判，从而把这篇课文讲解得更富针对性，更生动出彩。结尾段的社会意涵，昭示了以爱国主义为核心的伟大民族精神。国难当头，丰子恺以遒劲之笔写道："五根手指如果能一致团结，成为一个拳头，那就根根有用，根根有力量……"抗日战争爆发之后，丰子恺关注时局的散文远不止《手指》一篇，其他还有《辞缘缘堂》《防空洞中所闻》《胜利还乡记》等。他以社会观引领审美关照，文艺态度与梁实秋一派的作家大不同。② 其实，"成为一个拳头"的原文是"成为一个拳头以抵抗外侮"，而课文删除"以抵抗外侮"五字，我们认为值得商榷。"以抵抗外侮"，不仅使"成为一个拳

① 丰子恺. 缘缘堂再笔［M］. 北京：海豚出版社，2016（92-93）.
② 张亮. 体物入微的艺术——简析丰子恺的《手指》［J］. 小学语文，2016（03）：36-38.

头"有明确指向，而且能反映抗日战争爆发后呼唤全民抗战的严肃时代背景。担心"成为一个拳头以抵抗外侮"可能诱导孩子崇尚暴力，是纯属多余的，因为"抵抗外侮"是民族精神、民族大义，可以培养孩子的民族气节。

23 童年的发现

　　《童年的发现》，记叙文。作者瓦西里·德米特里耶维奇·费奥多罗夫（1918—1984），苏联现实主义作家。费奥多罗夫1950年毕业于高尔基文学院，其作品热衷于自然、劳动、爱情等主题，语言细腻，抒情又富于哲理。他先后荣获俄罗斯联邦高尔基国家奖金、苏联国家奖金等。《童年的发现》选自其文集《诗人之梦》，原名《达尔文定律》。

　　译者谷羽（1940—　　），本名谷恒东，河北宁晋人，资深翻译家，曾任南开大学俄罗斯文学教研室主任、中国普希金研究会副会长。1999年，荣获俄罗斯联邦文化部"普希金奖章"。2018年，获年度陈子昂全国诗歌翻译家奖。翌年，荣获第二届"中国俄语教育终身成就奖"。本世纪初，《童年的发现》进入我国义务教育语文教科书。

　　（1）咀嚼标题

　　《童年的发现》标题，颇有意味，包含了三层意思：第

一、第二层是"我"的发现，第三层是读者的发现。第一层，"我"九岁的时候发现了人类胚胎发育的规律——"怀胎九个月"是亿万年生命进化的浓缩，代表了细胞→虫子→小鱼→青蛙→猴子，还有"飞鸟"等九个阶段，最后变化成人的完整过程，胎儿孕育一个月就是人类进化的一次阶段性巨变。第二层，"我"从奥尔加·伊万诺夫娜老师对待自己天才发现的恶劣态度上发现，"世界上的重大发现，有时还会给人带来被驱逐和被迫害的风险"。第三层，我们从《童年的发现》中发现童年——天真烂漫、自由想象、执着探秘、奇思妙想的美好时光！

（2）感受趣味

感受风趣的语言，是本单元的主题，也是课文学习要致力实现的目标。语言风趣是智慧的闪现，离不开奇特的想象与绝妙的推理，离不开在打破思维定式、引起人物冲突的"失谐"之中制造欢声笑语或忍俊不禁而重构和谐的特质。[①] 课文开篇第1段就是好大的口气，"我在九岁的时候就发现了有关胚胎发育的规律，这完全是我独立思考的结果"。人小鬼大，一本正经，煞有介事，谁都"忍不住会哈哈大笑"。课文第2段，作者继续讲故事，"愿意笑你就笑吧，反正笑声不会给你招来

---

① 陈睿. 小"失谐"里的大"和谐"——统编语文教材五下《童年的发现》的幽默感［J］. 江苏教育，2020（10）：55.

祸患"，但"我"跟你不一样，"我"因对自己的伟大发现激动，而"当众受到了惩罚"。怎么如此悲催呢？作者制造了一个大大的悬念，答案要经过十二三个自然段，接近文章末尾，才逐渐揭晓。第3自然段关于梦中飞行的描述，是那么美妙神奇："只要双脚一点……就能离开地面飞向空中。……学会了滑翔，在街道上空，在白桦树梢头，在青青的草地和澄澈的湖面上盘旋。"第5—10自然段是"我们"到老师那里寻求夜晚梦中何以会飞行的答案，"为什么只有晚上睡觉时才长（身体）？""那为什么人在生长的时候就要飞呢？这究竟是什么道理？""人怎么会是鸟？"一连串的追问，孩童的刨根究底、无所顾忌让老师疲于应付。这位老师起初能够跟上孩子的思维想象，进行精彩的对答，当发现孩子的问题无边无际时，她很智慧地打住——"岂止是鸟！……等你们升入高年级，上课时老师都会给你们讲解"。老师把问题搁置起来，"更加激发了我的想象力……抓到一条鱼……翻来覆去地看个仔细，恨不得从鱼身上发现将来的人……"。

　　第13自然段，展现了作者脑洞大开、玄妙推理的异趣。① 一边是母亲九月怀胎，一边是人类数亿年来经历从细胞到草履虫、鱼等的漫长演化，二者有着怎样的联系？"我绞尽脑汁……嘿！终于想出了眉目：'哈！这就跟画地图差不

① 刘茂勇."老课文"如何教出新感觉——以《童年的发现》为例［J］．中小学课堂教学研究，2021（09）：37．

多。'"地图比例尺竟然让他在母亲怀胎与人类演化之间画上等号！母亲怀孕一个月对应人类进化的一个阶段，最后生下婴儿的那个月表示人类进化的完成。"我"把这等得意深藏心底。到了六年级，当老师讲到"有的科学家认为，母腹中的胎儿再现了从简单生命进化成人的过程"时，"我"实在憋不住了，不仅"情不自禁地笑出了声音"，还要说"我想起了自己的发现"，害得老师把"我"当成捣蛋鬼，结果"我"成为倒霉蛋。然而，"我"虽然被轰出了教室，但是没关系，"我明白了——世界上的重大发现，有时还会给人带来被驱逐和被迫害的风险"。作者挺能自我安慰！他是真的书看得太多，把自己当布鲁诺了。有意思！

（3）疏解语句

▲乡村的孩子从小就知道母亲怀胎九个月才生下婴儿。

为什么是"乡村的孩子从小就知道"？因为乡村生活比较艰苦，孩子很小的时候就需要与母亲分担沉重的家庭劳作负担，因而对母亲的身体变化包括怀孕分娩会格外敏感。相应的，城里的孩子，生活要轻松、悠然很多。因此，作者讲"乡村的孩子"。例文中的"母亲怀胎九个月才生下婴儿"与我们中国人的"十月怀胎，一朝分娩"，虽然看上去是矛盾的，但并非不可调和。从生殖医学上来讲，女性孕期自末次月经起算至280天，进入预产期，一周7天，40周280天；1个妊娠月就是4

周（28天），280天就是10个妊娠月。如果按每月30天算的话，280天约为9.3个月。而且，预产期前后两周内生产都是正常的，也就是说孕期266—294天（9.5—10.5个妊娠月）都是正常的。因此，例文中的"母亲怀胎九个月"与我国的俗语"十月怀胎，一朝分娩"，都能够说通。

后　记

　　二十世纪八十年代，我们先后走上讲台，迄今三四十年，初心不改，矢志不渝。"教然后知困。"数万次地开讲，成百上千次地磨课，让我们认定教材文本的本位价值与宝藏意义，也让我们认定课文的意蕴意涵深藏在文字背后，往往是越磨，产生的疑问便越多，本领恐慌就越深。我们试图从各种教参中寻找问题答案、消除心中惶恐，结果却时常不能如愿。于是，我们暗自下定决心，从问题导向、目标导向出发，写一本超越一般教学需求的专业参考书。它为任何一位严肃认真、精益求精的教师所需要，借助它能使教学更富成就意义，顺畅、从容，收获深度愉悦；它也为所有积极主动、勤于思考的学生所需要，借助它，能使学习更富探幽意义，灵动、活泼，满足深度渴望。

　　撰写小学高段语文课文发微专著，尽管早有此意，但我们在等待一个恰当的时机。这个时机，一定是在有了丰富的历练之后。我们对一线教师的所思所想、所期所盼的认知日益丰满，对教材的认识、把控也趋于自觉。这期间，我们在《语文建设》《中小学教材教学》《教学月刊》《中小学管理》《教学与管理》《江苏教育》《陕西教育》《湖南教育》《古典文学知识》《读书》等10余种刊物，已发表教育教学论文三四十篇，如近年来的《挣脱意识流变　回归常理常态——统编本课文〈那个星期天〉教学探索》《真解诞生于由表及里之中——统编本课文〈表里的生物〉教学探索》《论〈七律·长征〉语文教学的磅礴视野》《"方言进课堂"，语文教学的有益拓展》《统编本语文六年级上册教学中的一些问题思考》《在精研细磨的教学中回望教材建设——以统编本语文六年级下册为例》《〈枫桥夜泊〉的诗义保全与年份新解》《统编小学语文教材的长文短教学》《走近教育家魏书生》《理性认识"亲其师而信其道"》等等。这些虽然零散但已具系统规模的思考，为我们全面研究语文教材增长了才干，积累了经验，厚植了基础。2019年语文统编本全面推开，与曾经的地方版本及高校版本相比，课文篇目、结构等都发生重大变化，我们把新的挑战视为机遇，意识到等待许久的时机已经到来。我们决定专注自己深耕几十年的小学高段语文教材，从《统编语文课文发微·五年级》开始。① 本书按照统编教材的篇目，逐课梳理，而且不分一、二类课文，古诗词各首也以单篇课文对待，以免却纯教参定位，增强课文发微的厚度。但论述各课并无定式，唯求需要说的、值得说的、自己有的说的说，以免落入模式化解读的

---

① 本书所依据教材，均系定稿前最新的人民教育出版社2019年版、2021年第3次印刷的《义务教育教科书·语文（五年级）》。

俗套。① 课文旨趣、文本赏析、标题之美、诗意抒写、厘清句意、词语疏解等不同栏目的设置，因"课"制宜。"岂为之师者，独可无货而贾乎？"② 我们深知"以其昏昏使人昭昭"是不行的，而对课文中的一切知识要点刨根究底，为了然于胸打造"秘籍"；我们还深知"尽信书，则不如无书"，而对所有课文保持景仰，却并不膜拜，进而真的在文本中剔出硌牙的沙粒，让读者领略发散思维的宝贵与语文学习的别有洞天。我们力求站在前人的肩膀上有所超越，广泛吸纳知网上与课文直接相关的一切既有成果，但又决不拾人牙慧。

　　教师与教材的关系，是"用教材教"还是"教教材"？语文学界曾经有过非常激烈的争论。令人欣慰的是，主流观点早已形成——用教材教。课文是教材的主体，用教材教也就是用课文教。任何课文（文章）都不是代数题、化学式，常常是见仁见智，但优劣固然是相对的，相对优劣也是确有的。课文作者之于学生很盲目，其创作初衷绝少针对特定年级段的学生。与其不同，教材的编者与教者之于学生，应该很清醒很自觉，他们要把典范性文章推送给学生，用典范引领学生。编者、教者分别是文章典范性的第一、第二责任人，教师需要创造性地使用教材，全面审视字、词、句、篇、语法、修辞、逻辑、

---

① 温儒敏 . 语文课改 守正创新［A］. 刘国正，曹明海 . 名家论语文丛书［C］. 济南：山东教育出版社，2021（83）.

② 张震南 等 . 中学国文述教［A］. 徐林祥 . 百年语文教育经典名著（第六卷）［C］. 上海：上海教育出版社，2017（60）.

文采，善于提出与文本不同的表达，敢于识别、剔除隐藏在名篇、经典光环下的局限与瑕疵，在比较与完善中彰显语文教学的发散性与实效性。

撰著此书，我们的初心是"取乎其上，得乎其中"，这初心顺遂了几成呢？只有静候读者的评判。"臻于极致，永无歇止"，是匠心所在。初心与匠心，是我们未来前行的车之两轮。无论如何，在后续著述《统编语文课文发微·六年级》时，我们一定会一如既往遵从内心的召唤，百尺竿头，圆成读者更多的期望。

现在，这部书已经顺利付梓出版。我们要向山东教育出版社致以崇高敬意！要对宽恤、关爱有加并为之付出辛勤劳动的孙绍振、黄厚江、吴洪春、王爱华、朱寿桐、陈峰、王兰等诸位老师，谨致谢忱！还要对爱女朱哲文表示谢意，她在芝加哥大学攻读MBA期间，为我们深入了解课文作者罗伯特·E.威尔斯、巴德·舒尔伯格、马克·吐温等西方作家，提供了独特的帮助。最后，我们要特别感谢责任编辑周红心、董丁老师，他们的悉心指导令拙著增辉！

刘永平、朱月潭

2022年6月